Coleção Bibliofilia 3

DIREÇÃO
Marisa Midori Deaecto
Plinio Martins Filho

A Sabedoria do Bibliotecário

Editor
Plinio Martins Filho

Conselho Editorial
Beatriz Mugayar Kühl
Gustavo Piqueira
João Angelo Oliva Neto
José de Paula Ramos Jr.
Lincoln Secco
Luiz Tatit
Marcelino Freire
Marcus Vinicius Mazzari
Marisa Midori Deaecto
Paulo Franchetti
Solange Fiúza
Vagner Camilo

Diretora administrativa
Vera Lucia Belluzzo Bolognani
Edição e produção gráfica
Aline Sato
Gerente editorial
Senise Fonzi
Diagramação
Camyle Cosentino
Vendas
Luana Aquino
Logística
Alex Sandro dos Santos
Ananias de Oliveira

SERVIÇO SOCIAL DO COMÉRCIO
Administração Regional no Estado
de São Paulo

Presidente do Conselho Regional
Abram Szajman
Diretor Regional
Danilo Santos de Miranda

Conselho Editorial
Ivan Giannini
Joel Naimayer Padula
Luiz Deoclécio Massaro Galina
Sérgio José Battistelli

Edições Sesc São Paulo
Gerente
Iã Paulo Ribeiro
Gerente adjunta
Isabel M. M. Alexandre
Coordenação editorial
Clívia Ramiro
Cristianne Lameirinha
Francis Manzoni
Produção editorial
Simone Oliveira
Coordenação gráfica
Katia Verissimo
Produção gráfica
Fabio Pinotti
Coordenação de comunicação
Bruna Zarnoviec Daniel

MICHEL MELOT

A Sabedoria
do Bibliotecário

Tradução
Geraldo Gerson de Souza

Copyright © Les Éditions du 81, Paris
Direitos reservados e protegidos pela Lei 9.610 de 19.02.1998.
É proibida a reprodução total ou parcial sem autorização,
por escrito, das editoras.

Dados Internacionais de Catalogação na Publicação (CIP)
(Câmara Brasileira do Livro, SP, Brasil)

Melot, Michel
  A Sabedoria do Bibliotecário / Michel Melot; tradução Geraldo
Gerson de Souza. – Cotia, SP: Ateliê Editorial; São Paulo: Edições
Sesc São Paulo, 2019. – (Coleção Bibliofilia; v. 3 / direção Marisa
Midori Deaecto, Plinio Martins Filho)

  ISBN 978-85-7480-829-1 (Ateliê Editorial)
  ISBN 978-85-9493-188-7 (Edições Sesc São Paulo)
  Título original: *La sagesse du bibliothécaire*

  1. Bibliofilia 2. Bibliotecários 3. Biblioteconomia
4. Biblioteconomia como profissão I. Deaecto, Marisa Midori
II. Martins Filho, Plinio III. Título. IV. Série.

19-26551   CDD-020.23

Índices para catálogo sistemático:
  1. Bibliotecários: Missão: Biblioteconomia   020.23

Iolanda Rodrigues Biode – Bibliotecária – CRB-8/10014

Direitos reservados à

Ateliê Editorial
Estrada da Aldeia de Carapicuíba, 897
06709-300 – Cotia – SP – Brasil
Tel.: (11) 4702-5915
www.atelie.com.br
contato@atelie.com.br
 /atelieeditorial
blog.atelie.com.br

Edições Sesc São Paulo
Rua Serra da Bocaina, 570 – 11º andar
03174-000 – São Paulo – SP – Brasil
Tel.: (11) 2607-9400
edicoes@edicoes.sescsp.org.br
sescsp.org.br/edicoes
 /edicoessescsp

Foi feito depósito legal
Impresso no Brasil 2019

SUMÁRIO

◆

I. Como um Marinheiro no Oceano… ◆ 9

II. A Feliz Incompletude ◆ 35

III. A Dobra Prodigiosa ◆ 51

IV. O Lugar dos Liames ◆ 75

V. Latitudes ◆ 99

VI. Planetoteca ◆ 113

VII. Encontrou o que Procurava? ◆ 125

I

COMO UM MARINHEIRO NO OCEANO...

A figura do sábio doido opõe-se a do bibliotecário sábio. Por que seria sábio o bibliotecário? Por saber que jamais será sábio, pois, ao abrir um livro, todos os demais permanecerão fechados e ele, bibliotecário, sabe que jamais conseguirá abrir todos os livros. O bibliotecário ama os livros como o marinheiro ama o mar. Não é necessariamente exímio nadador, mas sabe navegar e sabe também que não é a nado que se alcançam as maiores distâncias. O oceano do conhecimento que inebria todos os sábios torna o bibliotecário modesto.

O grande leitor, como deveria ser todo sábio, é a pessoa que lê ao longo da vida no mínimo dez mil livros; dois ou três mil, em se tratando de leitores "mais informados", aqueles que leem um livro por semana durante cinquenta anos. A produção editorial francesa é de quarenta mil títulos anuais, ou seja, o equivalente a dois milhões no período em que lemos dez mil: 0,5%. Os ingleses publicam cem mil por ano; os espanhóis, cinquenta mil. Digamos, assim, que perto de um milhão de títulos surgem a cada ano no mundo. Mesmo que excluamos desse número as reimpressões, as reedições, as plaquetas de menos de 48 páginas, não mudaremos a relação irrisória de nossas leituras com o conhecimento propalado por nossos contemporâneos. Cabe ainda acrescentar outro milhão de títulos de periódicos existentes no mundo hoje.

O bibliotecário não pode ignorar tal desproporção: mais que vê-la, ele a vive no dia a dia. Esse fluxo permanente de conhecimento publicado, ele o enfrenta corajosamente, agarra-o, engalfinha-se com ele; detém-no, muda-lhe o rumo, direciona-o, filtra-o a fim de distribuí-lo ao leitor sedento de conhecimento palatável.

A biblioteca é o lugar indispensável da vida onde o conhecimento decanta. Observe-se como esse oceano furioso se acalma na biblioteca! Claro que isso não afina com os interesses dos editores, que gostariam de ver sua produção fluir cada vez mais célere e mais abundante, e encaram as bibliotecas como concorrentes desleais, servindo aos leitores livros que não geram nenhuma cifra de negócios, e alguns dos quais às vezes sequer são comercializados.

Não reavivemos, porém, a pendência entre os bibliotecários e os editores, que o governo tão habilmente tem apaziguado. Digamos apenas que os direitos legítimos devidos pelos bibliotecários aos editores precisariam vir acompanhados de um imposto sobre o acúmulo e a conservação de conhecimento, que os editores depositariam aos bibliotecários. Impõe-se reconhecer que entre eles não existe mais que uma troca de respeito mútuo.

Com certeza nem todos os livros são feitos para serem lidos da primeira à última página, nem é necessário fazer como o antigo diretor de uma grande biblioteca que respondeu à comissão de leitores que reclamava da limitação de retirada de apenas dez volumes por dia: "Vocês não estão querendo fazer-me acreditar que leem dez volumes por dia!" A maior parte das obras são apenas consultadas, folheadas e, até, em casa, olhadas.

A bem dizer, a biblioteca não está na linha da leitura individual. Para alcançar seu ponto crítico, é preciso que a biblioteca tenha incontáveis leitores e muitos outros usos além da simples leitura. A biblioteca existe apenas para a comunidade.

Entretanto, são muitas e consideráveis as bibliotecas particulares. Somos todos um pouco nossos próprios bibliotecários, desde que arrumamos, guardamos, olhamos alguns volumes em qualquer prateleira. Muitos se orgulham de possuir livros. A biblioteca particular, quando excede às necessidades de seu dono, é sinal de ostentação de riqueza espiritual ou de êxito social. A biblioteca de Aragon e Elsa Triolet – hoje em seu moinho de Saint-Arnoult-en-Yvelines – conta trinta e cinco mil volumes, raramente virgens de pelo menos uma consulta, mas que acima de tudo testemunham o entrelaçamento de amizades e de influência que compuseram o lar. Dizia Jean-Paul Sartre que o livro que ficasse mais de três semanas sobre a escrivaninha sem ser aberto deveria ser considerado como lido.

Um bibliófilo latino poderia orgulhar-se de possuir uma centena de livros, parecendo justo duvidar que ele os tivesse lido todos. Essa foi também a opinião do carregador ao transportar minhas caixas até o segundo andar. Dom Diego de Miranda diz a D. Quixote: "Sou pouco mais do que mediocremente rico... Ademais, tenho até seis dúzias de livros, uns romances, em língua vulgar e outros em latim". A biblioteca de Aristóteles era já uma instituição, cuja ideia foi ao menos transmitida a Demétrio de Faleron, fundador da Biblioteca de Alexandria, rica de quatro a quinhentos mil rolos, sendo parte acessível a todos. Na época de Cícero, seu amigo Ático já franqueava a sua coleção ao público. No século IV, havia vinte e quatro bibliotecas públicas em Roma. O Palácio da Sabedoria em Bagdá e a biblioteca dos califas de Córdoba, no século VIII, regurgitavam de livros. Com o uso público, os números disparam. Considera-se hoje que quatrocentos mil volumes é o patamar abaixo do qual não se pode abrir nenhuma biblioteca universitária digna do nome. A primeira biblioteca da Nouvelle-France, no colégio de jesuítas do Québec, não compreendia em 1750 mais do que cinco mil volumes, cifra hoje apenas aceitável para a de um professor. A imprensa só chegou em 1764, com os ingleses (porque com os ingleses – diz um comentarista de Québec – tudo pode acontecer), assim como as bibliotecas públicas. E logo o conhecimento se transforma em poder: um deputado algo pedante interpela seu colega inculto em latim, grego e espanhol; o deputado iletrado responde-lhe nas três línguas indígenas que ele fala. O pedante compreende, então, como o bibliotecário, que somos todos iletrados, nós que não sabemos ler senão algumas letras de um alfabeto em meio a tudo que se ouve, se fareja, se prova, se toca e se vê ou, simplesmente, de tudo o que se lê sem alfabeto: a álgebra, os signos, as imagens, os rostos, o futuro e o céu estrelado.

❧ 14 ❧

A sabedoria do bibliotecário alimenta-se, como toda sabedoria, de um espantoso orgulho. Sem ilusão quanto a sua capacidade de ler todos os livros, o bibliotecário não renuncia a viver em meio deles e a dominá-los. Sabe ler os livros sem abri-los. Seu olhar atravessa as capas. Ao tomar um livro, o bibliotecário não lhe faz a leitura sem mais nem menos: avalia a obra, começa por sopesá-la com os olhos, observa longamente sua capa, contracapa e lombada; depois aprecia a página de rosto, o autor, os editores, tudo aquilo que ele chama "as autoridades" e "indicadores"; vai diretamente ao colofão, verifica a data, o formato e o número de páginas; detém-se no sumário; verifica se há bibliografia, índices e ilustrações; avalia por fim sua robustez e a qualidade do papel, da formatação das páginas e da impressão. E é tudo. Soubessem os autores disso, fariam livros falsos apenas para as bibliotecas. Alguns sabem.

Não julguem que seja superficial esta "meta-leitura". Através do livro, o bibliotecário sonda a um só tempo seus autores e seus leitores. Após esse exame, ele sabe todas as razões pelas quais alguns fizeram aquele livro, e as que levarão outros a lerem-no: as boas e as más. Sabe os olhares que vão percorrê-lo ou que o percorreram, os que o negligenciaram, os que nele mergulharam, os que o comprarão e não lerão, os que gostarão de lê-lo sem poder comprá-lo. Ele define então seu uso: desconhece-lhe o detalhe do conteúdo, mas sabe tudo a respeito de sua sinceridade.

Todos os livros mentem, alguns descaradamente. Tomados, porém, em conjunto, não formam eles uma espécie de verdade? Uma verdade por assim dizer estatística, considerando-se que a verdade não saberia ser senão a resultante de todos os nossos erros, no sentido em que Alain dizia que a história da filosofia era "como uma peregrinação através dos erros mais célebres". O bibliotecário deve construir com os livros ou qualquer outro conjunto de documentos uma verdade coletiva, um "meta-erro" de algum tipo, a partir de elementos que não passam de verdades particulares, ou seja, de erros solitários.

O mecanismo temerário da biblioteca que procuraria alcançar em número a inevitável parcialidade individual está em curso há anos. Ele se opõe a outro modelo: o da verdade doutrinal, única, exclusiva, infalível, proclamada por um só ou revelada e conhecida por alguns que devem administrá-la para todos os outros. Os livros, conforme explicou-o magnificamente Robert Damien, sucedem ao Livro. Se levarmos em conta que vários livros têm mais oportunidade de ter razão em se contradizendo entre si do que um só – sempre o mesmo, que deteria uma verdade universal –, os leitores tornam-se seres pensantes, e não mais receptáculos. O leitor passa então a ter autoridade. Pode-se afirmar sem exagero que o bibliotecário nasceu da democracia, ainda que príncipes esclarecidos se tenham valido de seus serviços bem antes da instituição da democracia. Robert Damien[1] mostra precisamente como tais bibliotecários e tais príncipes (Ptolomeu, Mazarino e Catarina,

---

1. Robert Damien, *Bibliothèque et État. Naissance d'une Raison Politique dans la France du XVIIᵉ Siècle*, Paris, PUF, 1995.

a Grande) foram precursores; não seguiam mais cegamente apenas uma verdade, mas um feixe de verdades, que circundavam com suas reflexões.

A convicção de que a verdade, desde que ela exista, não pode ser senão partilhada e contingente, embasa a sabedoria do bibliotecário. Do contrário, um só livro bastaria, como foi o caso durante muito tempo. A lenda que historiadores muçulmanos malévolos relataram a propósito do sultão Omar é um contraexemplo do espírito da biblioteca: depois da tomada da Alexandria pelos árabes, os tenentes de Omar perguntaram-lhe o que deviam fazer dos milhares de livros que as célebres bibliotecas continham. Ele teria respondido: "Se eles repetem o que está no Corão, são inúteis; se eles o contradizem, são nocivos". É evidente que Omar não carecia de bibliotecário.

Por definição, o bibliotecário é tolerante. Vive da multiplicidade e diversidade de opiniões, não tardando a expor-se à suspeição de *attentisme*, de oportunismo, até de compromisso. Pois ele bem sabe que sua biblioteca não contém todos os livros: apenas os decorrentes do depósito legal e os da missão estabelecida em cada país para uma biblioteca nacional, pelo menos, isentando-o da indispensável triagem.

Ademais, ele não se exime de toda suspeita devido a essa exaustividade: os livros, por mais numerosos que sejam, não caem do céu: são também obra de algum poder. O poder de publicar chama-se hoje mercado do livro, temperado aqui e ali por publicações oficiais ou pela generosidade de algum mecenas. Os livros são reflexos de interesses diversos, o mais das vezes ocultos. O bibliotecário, acolhendo-os em sua biblioteca, presta-lhes serviço. Tolerância não é independência. Dizia Karl Marx que a época que produz livros é a mesma que produz seus leitores. Pode-se acrescentar que é também a que produz seus bibliotecários.

A função ordinária do bibliotecário não é, pois, acumular livros, todos os livros, mas, antes, escolhê-los e responder pela escolha. O acervo que ele compõe é um compromisso estudado entre o que julga lhe pedirão os leitores e o que julga lhes deva propor; ou, ainda: entre o que espera que lhe pedirão seus leitores e o que acha que deveriam pedir.

Para levar a cabo essa tarefa, não lhe é menos necessário o conhecimento dos leitores do que o dos livros. É na correspondência desses dois conhecimentos que repousa a função do bibliotecário. A pequenez de seu orçamento torna a tarefa ainda mais penosa, se porventura não a facilita. Possibilita-lhe encontrar o equilíbrio entre o respeito de escolha dos leitores e a competência – ou ética – do bibliotecário. Negociação difícil do bibliotecário consigo mesmo e com seu público, daquele que conhece os livros com aqueles que os procuram, daquele que acredita conhecê-los com aqueles que ainda não os conhecem.

A biblioteca é máquina de transformação da crença em conhecimento, da credulidade em saber. Mas o conhecimento não é dado: ele também se constrói, e o bibliotecário é um dos arquitetos desse frágil edifício, construído sobre areia.

Sábio, sem dúvida, ele o é por sua própria função; inocente, porém, não. Durante os primeiros tempos da democracia e do capitalismo modernos, a ênfase recaiu sobre a pertinência das escolhas do bibliotecário, a qualidade dos livros selecionados e sua representatividade dentro de cada opinião e de cada disciplina.

A biblioteca há de ser uma sinfonia, não um alarido. Nenhum livro figura nela por acaso, menos ainda, como é às vezes o caso, para engordar as estatísticas ou fazer acreditar na infalibilidade dos que a frequentam. A quantidade de livros só paulatinamente passou a ser critério de apreciação. Nada mais fácil hoje do que adquirir quilômetros de livros. Nada mais difícil do que constituir um fundo pertinente e útil, tal como o concebiam os bibliotecários do Século das Luzes.

O acúmulo de livros tornou-se sinal de poder: a nova Biblioteca Nacional da França devia, por decisão política, acumular pelo menos vinte milhões de livros. Por que vinte milhões? Porque a Biblioteca do Congresso não contém menos. A ideia de uma biblioteca universal em que se encontrariam todos os livros não é mais um sonho, é um delírio.

Toda biblioteca é uma escolha; ao fazer essa escolha, o bibliotecário é o primeiro autor de sua biblioteca. Tem a responsabilidade de sua composição, responsabilidade que deve exercer com curiosidade, tolerância e competência. Ao se falar de escolha, levanta-se a questão da censura – outro nome da escolha. O bibliotecário é constantemente desafiado a esse respeito, justificando sua escolha e possibilitando o debate público, a fim de que ninguém venha a pronunciar a palavra "censura". Em geral as bibliotecas públicas não disponibilizam livros pornográficos, afora certos clássicos. No entanto, nunca ouvi protestos sobre isso, nem que se tenha considerado esse fato como censura. Poder-se-ia esperar o contrário.

Todo bibliotecário pode, pois, ser um censor; não deve, porém, considerar-se infalível ou dissimular suas opiniões. Ocorreu-me um caso, como a todos os bibliotecários, quando um dos bibliotecários da Biblioteca Pública de Informação (BPI) recusou-se a adquirir um livro que fazia, então, escândalo, mas cuja venda não fora proibida: *Suicide, Mode d'Emploi* (*Suicídio, Modo de Usar*). Eu sabia que a BPI acolhia muitos desesperados; sabia que os serviços de ajuda à depressão profunda recomendavam-lhes a biblioteca, um dos raros lugares públicos gratuitos, aberto aos domingos e à noite, inclusive no Natal e Ano-Novo. Tinha conhecimento de que a biblioteca salvara assim algumas vidas. Pensava, juntamente com o bibliotecário responsável pelo setor, que aquele livro não devia estar ao alcance das mãos naquele recinto. Portanto, eu fazia a censura antes mesmo da polícia.

Em contrapartida, quando Salman Rushdie se viu perseguido pela *shariá*, alguns me aconselharam que retirasse das estantes seus *Versos Satânicos*, por medo de represálias que poderiam ser trágicas num local tão cheio de gente. Nada fiz, não sem susto, mas sem remorsos. A escolha é um dever, a censura um abuso.

A sabedoria do bibliotecário não é virtude pessoal: é sabedoria funcional. Seu mister é ser sábio. Ele não fala em nome próprio, mas em nome da comunidade à qual serve: deve refletir-

-lhe os gostos e as opiniões, mas também abrir-se para outros. Sua escolha deve ser a da pluralidade, do ποικιλος grego, a "bigarrure" (mistura bizarra) que caracteriza as sociedades livres.

A partir de quando o bibliotecário passa a ser culpado de abuso de poder? Pode este democrata "orgânico" difundir ideias antidemocráticas? Devemos encontrar *Mein Kampf* nas bibliotecas? Para o bibliotecário, a questão será antes esta: em que tipo de biblioteca (isto é, em que ambiente e para quais leitores) pode-se encontrar um livro como esse?

Quando prefeitos de extrema-direita proibiram seus bibliotecários de comprar jornais da esquerda, não somente estes quiseram se opor como também os leitores protestaram. Viam bem que a democracia se esfacelava e que, portanto, não se pode adotar nenhuma posição dogmática, porque o próprio princípio da biblioteca é questionar todo dogmatismo. Os mesmos que haviam censurado os jornais de extrema-direita privavam-se de um argumento decisivo: o da tolerância, nele incluindo-se os que pregam a intolerância.

Mas essa censura levantava outra questão: pode o poder político sobrepor-se ao bibliotecário para decidir tais escolhas? Juridicamente, sim, porque o bibliotecário é um funcionário, mas, evidentemente, não, para a moral mais elementar. A biblioteca sob as ordens do poder político assemelha-se à justiça submetida a um tribunal de exceção. Há certa inconsequência em se efetuar tal escolha contra a vontade do bibliotecário: para que serve então a sabedoria "funcional", de que ele é o agente anônimo? Não se pode fazer desempenhar esse papel um comitê imbuído do interesse de alguns, a pretexto de que estão no poder. Perguntar-me-ão: Como poderia o bibliotecário satisfazer ao mesmo tempo todos os leitores, se estes têm opiniões irreconciliáveis? Exatamente por isso a biblioteca é indissociável da democracia: ela perde o sentido se não admitir as opiniões contraditórias. É função do bibliotecário manter o equilíbrio entre as demandas de seus leitores – de todos os seus leitores – e seu próprio conhecimento. Se não respeitar tal equilíbrio, torna-se censor. Mas se o respeita e o poder político lhe contesta a escolha, então só resta ao poder político censurar o bibliotecário. Num segundo momento, fecha-se a biblioteca: as bibliotecas não sobrevivem aos ditadores.

Existem também bibliotecários loucos. O tipo mais comum foi descrito por Anatole France, através do personagem Sariette, em *A Revolta dos Anjos*:

O próprio Sariette classificara todas as peças desse vasto acervo. O sistema por ele concebido e aplicado era a esse respeito complexo: os índices que ele punha nos livros compunham-se de tantas letras maiúsculas e minúsculas, latinas e gregas; de tantos números árabes e romanos, acompanhados de asteriscos, de duplos asteriscos e de sinais que em matemática expressam potências e raízes, que o seu estudo levou mais tempo e trabalho do que teria sido preciso para aprender perfeitamente a álgebra; e como não se encontrasse ninguém que quisesse dar ao aprofundamento desses símbolos obscuros horas melhor empregadas em descobrir as leis dos números, Sariette acabou sendo o único capaz de entender tais classificações; tornando-se coisa absolutamente impossível encontrar, sem sua ajuda, entre os trezentos e sessenta mil volumes confiados à sua guarda, o livro de que se precisasse. Esse foi o resultado de seus cuidados. Longe de queixar-se, ele, ao contrário, sentia nisso viva satisfação.

É antes por sua autoridade regulamentar do que por seu trabalho de seleção que o bibliotecário pode exercer um poder discricionário; pode fazê-lo comodamente diante de seu público, ao qual mais ou menos faculta o acesso aos livros. Também o faz através da catalogação dos livros, pela qual pode dar-lhes maior ou menor visibilidade, associando ou dissociando uns dos outros, simulando-lhes às vezes um regime penitenciário. Mostra-se tanto aberto a toda opinião, desde que seja impressa, quanto pode tornar-se doutrinário, quando se trata de classificar livros nas categorias e de cortar em quatro os índices.

Difícil por certo é o exercício: os dois constrangimentos – classificação dos livros e abertura ao público – estão ligados; a classificação não tem a mesma força, dependendo de o público ter acesso direto aos livros, ou estes permanecerem arquivados; ambos os casos supõem a existência de um catálogo, mas, no caso da manutenção em arquivamento, o catálogo é imposto ao leitor.

Em 1857, Prosper Mérimée descobriu entusiasmado a nova British Library, recém-concebida por seu amigo Panizzi, na qual os leitores tinham livre acesso a determinados livros: "Essa liberdade de poder apanhar por si mesmo um livro nas estantes é uma inovação que talvez pareça muito estranha em nosso país". Descobre também o catálogo por autores, ao passo que os franceses só imaginavam catálogos temáticos, ordenados segundo a lógica e carregados de incontáveis remissões.

Que aberração ordenar os livros por ordem alfabética! Ouvi de um amador que o fizera, mas levando em conta o nome: Balzac estava na letra H. Por que não? Mas, também, que comodidade! Mais recentemente, outro inglês, Maurice Line, decidiu organizar os livros de sua fabulosa biblioteca de Boston Spa – que serve de reserva à British Library e só é acessível por correspondência – por ordem de chegada e de acordo com a frequência de uso. Pragmatismo provocante de um espírito cartesiano para o qual os livros apenas acessoriamente têm um conteúdo. Entretanto, não se trata de um louco, mas de um precursor: os robôs bem informados classificam hoje automaticamente os livros em função do número de requisições. Encontram-se assim rapidamente os livros mais solicitados, deixando os outros nas profundezas, o que facilita sua transferência para as reservas. Isso, porém, só é possível nas bibliotecas em que os leitores não têm acesso direto aos livros.

Meu primeiro relatório de estagiário, na Biblioteca Municipal de Tours, tinha por tema: "Classement et Classification" ("Arquivamento e Classificação"). Aprendi que as duas coisas eram tão necessárias quanto contraditórias. Uma destrói a outra. O arquivamento faz-se inevitável em função das características materiais de certos documentos: não se pode pôr lado a lado o *Dicionário Enciclopédico Larousse* e o mais recente *Vocabulário de Bolso,* do mesmo editor. Alguns livros são gigantescos: os à italiana, por exemplo, ou os Atlas, que devem ser conservados deitados. E o que fazer das revistas que mudam de formato ao longo de suas edições? Outras são frágeis e carecem de ser protegidas. Os mapas geográficos, os discos, os jornais não podem ser arquivados juntos, mesmo que se complementem etc. A classificação, ao contrário, é inteiramente intelectual. Entretanto, é tentador para o bibliotecário agir como nas livrarias e juntar todos os títulos da coleção Que sais-je? ou todos os livros recém-editados.

Em casa, em nossa biblioteca, é agradável fazer uma mistura harmoniosa, mas inteiramente irracional entre os assuntos (os livros de cozinha), seu aspecto físico (coleções com mesma encadernação) e o uso que deles fazemos (obras de consulta frequente). A Midiateca de Vichy reconstituiu o quarto onde Valéry-Larbaud viveu sua terrível doença; grande leitor e grande tradutor, ele ficava rodeado de livros que mandara encadernar de acordo com os seus idiomas: romances ingleses em azul, os espanhóis em vermelho etc. Seu quarto de sofrimento era um arco-íris. Assim, o olhar do amante de livros pode deslizar por suas estantes como numa paisagem composta de sutis incoerências, propiciando aos olhos e à lembrança surpresas e alegrias inesperadas.

Não acontece o mesmo numa biblioteca pública: nela, os livros devem ser dispostos uniformemente. Ou, então, não estão dispostos satisfatoriamente, ou estão demasiadamente organizados. A classificação é uma sequência de crimes contra o espírito. Alberto Manguel, autor de *Uma História da Leitura*[2], conta-nos esta anedota, oriunda de uma história persa:

No século X, o grande vizir da Pérsia, Abd'ul Kassen Isma'il, a fim de não se separar durante uma viagem de sua coleção de cento e dezessete mil volumes, fazia transportá-la numa caravana de quatrocentos camelos conduzidos em ordem alfabética.

2. Alberto Manguel, *Uma História da Leitura,* São Paulo, Companhia das Letras, 1997.

❧ *31* ☙

Retalhar o conhecimento em fatias é decididamente absurdo. Os bibliotecários se retalham entre si a respeito disso. À generosa intenção de entregar tudo à leitura, opõe-se a necessidade de classificar tudo em rígidas estantes. Certas disciplinas criam grandes problemas.

A psicanálise, recusando deixar-se incluir na psicologia, rejeitada pelos médicos, deverá ser incluída na linguística, na filosofia, ou por que não na história? Sem falar nas ciências ocultas que ninguém quer (os bibliotecários são por demais racionalistas e compram poucos desses livros, que desafiam a razão e estão em todas as bancas de revistas). Os livros de história local devem ser classificados de acordo com a época estudada ou com o local? Nem sempre se sai bem com as remissões; por exemplo "Israel, ver: Palestina" de fato não é equivalente a "Palestina, ver: Israel". Em seu tranquilo retiro, o bibliotecário também enfrenta seus combates. Irrepreensível no ecletismo de suas escolhas, pode ser desmascarado nos seus métodos de indexação. Todas as bibliotecas públicas de leitura distinguem os "documentários" das "ficções". Recordo-me do garoto a quem a bibliotecária ensinara a reorganizar os livros de sua biblioteca escolar, e que pôs entre os livros de ficção uma *História das Religiões*. Foi inútil ela explicar-lhe que uma *História das Religiões* era um livro documentário; o garoto ficou persuadido de que esse livro continha "apenas histórias".

Outra história de crianças ilustrará quanto pode o bibliotecário, com as melhores intenções do mundo, mostrar-se autoritário diante de seu público. A biblioteca de crianças do Centro Pompidou era interditada aos adultos: os pais deixavam sua prole entrar sozinha, a fim de que pudesse evoluir livremente, sem pressão nem conselho tendencioso. Esse espaço devia assim oferecer a imagem feliz de um paraíso. Fui chamado pela bibliotecária de serviço para expulsar um adulto, que ali se instalara, no meio das revistas em quadrinhos. Relembrei-lhe o regulamento e pedi-lhe que saísse; respondeu-me: "Mas o que o faz supor que não sou uma criança?" Não me atrevi a contradizê-lo e aconselhei-o a ler *Peter Pan*. Não é um tanto louco o bibliotecário que acredita que o documentário se opõe à ficção ou que um adulto não poderia se passar por uma criança?

II
A FELIZ INCOMPLETUDE

O bibliotecário vai morrer: predisseram muitos. Para alguns, ele morrerá sufocado sob uma avalanche de papéis impressos, produzidos por edições do mundo todo, como Fulgence Tapir, noutro romance de Anatole France, *A Ilha dos Pinguins*:

De repente, uma montanha medonha de fichas ergueu-se, envolvendo-o num turbilhão gigantesco. Durante o espaço de um segundo, vi na voragem o crânio luzidio do sábio e suas mãozinhas adiposas; depois o abismo se fechou e o dilúvio espalhou-se sobre o silêncio e a imobilidade.

Outros, ao contrário, profetizam que ele morrerá devido ao esgotamento de suas fontes, usurpadas pelos computadores pessoais.

A lenda da morte do bibliotecário, engolido pelo livro e com ele arrastado numa fuga que se assemelha a uma queda, encontrou sua melhor expressão no célebre conto de Borges, "A Biblioteca de Babel", que começa assim: "O universo (que outros chamam a Biblioteca)...". Sua ficção baseia-se na seguinte ideia: se se estabelece o número de símbolos ortográficos em vinte e cinco, e se estes forem permutados indefinidamente em livros uniformes de 410 páginas, obter-se-á a totalidade possível de textos. Nas vertiginosas galerias hexagonais dessa biblioteca universal, serão raros os livros com sentido, e a erudição se esgotará buscando nesse oceano de incoerências algumas sequências de caracteres com significado. Quanto ao bibliotecário, estará condenado ao suplício eterno de procurar, entre milhares de falsos, o verdadeiro catálogo dessa biblioteca infernal. A fábula de Borges persegue hoje os bibliotecários. O efeito dos computadores é duplo: de um lado, multiplica-se a produção de livros até atingir de maneira assintótica a terrível Biblioteca de Babel; de outro, o computador pode tornar absurda a fábula, pois um simples programa é hoje capaz de permutar os caracteres de forma aleatória e infinita, reduzindo o conjunto de nossas representações do universo a um jogo binário elementar, fazendo da tela de cada um de nossos PCs uma biblioteca de Babel virtual. Em ambos os casos, ameaçado de asfixia ou inanição, o bibliotecário vira uma espécie em vias de extinção.

Ora, o bibliotecário sobrevive; salvou a pele, como os heróis de romances de aventura, representando as forças contrárias: ao maremoto editorial contrapõe a informática, e à informática contrapõe a devida materialidade de suas representações num espaço fechado. Sabe bem o bibliotecário que a Biblioteca Universal é um mito e que as telas dos computadores funcionam como as miragens: faz-se aparecer nelas aquilo que se deseja ver. Mas ele sabe também que as miragens são parte de nossos conhecimentos, sendo preciso aceitá-las e mesmo domesticá-las.

A Biblioteca de Babel não assusta o bibliotecário: diante de sua monstruosidade, ele pode dimensioná-la: o número de seus livros é finito. Se, como supõe seu autor, cada livro se compõe de 1 312 000 signos, pode-se então escrever o número 25 elevado à potência 1 312 000, podendo igualmente escrever-se 1,9698 × 101 834 097, representando definitivamente o número de livros que um editor pode produzir. O comprimento das estantes desta doida biblioteca pode então ser estimado, segundo as regras ordinárias de biblioteconomia, na base de 6,9 × 101 834 097 anos-luz.

Pode-se tremer diante dessa imensidão e lastimar o leitor que, face a tais dimensões, jamais conseguirá encontrar, como o imagina Borges, um livro parcialmente legível. Será esse o destino dos bibliotecários?

Durante algum tempo, alimentou-se a ilusão de que a micrografia ajudaria a resolver esse problema: a imagem das páginas impressas, indefinidamente reduzidas, daria à biblioteca uma dimensão acessível. A microficha, dividindo por 100 o número de páginas, não eliminaria mais do que um zero dos 1 834 097 números de cada

❦ 38 ❦

índice do catálogo. A gravação em discos numéricos não passaria de um recurso quase imperceptível. Em contrapartida, um programa de computador não careceria senão de um segundo para resolver o paradoxo de Borges. O tempo outrora gasto para escrever um único livro poderia ser empregado para tornar inúteis todos os demais. Seja qual for, a tela de um microcomputador é então espaço suficiente para nele mover-se o Universo. Esperança falaz da tecnologia. Bem sabe o bibliotecário que o sonho de Borges está, de fato, aquém da realidade e que sua biblioteca total seria relativamente de incrível pobreza.

Imaginemos um desses bibliotecários de Babel, mais aventureiro que outros e perdido numa das últimas estantes repleta de obras com vinte e cinco caracteres, pertencente por acaso ao acervo chinês. Seria preciso então admitir que existe, além da Biblioteca, um Universo insuspeito, milhares de vezes mais expandido. Como os astrônomos recuam a cada dia os limites do espaço, seria preciso traçar rapidamente um mapa no qual o acervo latino, só ele conhecido do universo de Borges, não passaria de um pontinho na galáxia de bibliotecas que compreenderia a japonesa, a árabe, a grega, a cirílica, assim como a armênia e a geórgica, a coreana e a tailandesa, a bambara, a gueza e a "vai", a devanagari, a gurumuki, a oriyá, a malaialam, a telugu, a escrita dos micmacs e muitas outras ainda, se se levarem em conta – e impõe-se levar – as escritas desaparecidas, a linear A e B, as cuneiformes, as runas e as quipus dos incas, as petroglíficas do deserto da Arábia e a dúbia escrita da Ilha de Páscoa. Tal universo se enriqueceria incessantemente de alfabetos estranhos, como o da Associação Fonética Internacional, o de N'Joya, rei dos bamums, que originalmente comportava 466 símbolos, o braile, o mende ou o dinka de Suriname.

Entretanto, semelhante abundância não desencorajaria um bom bibliotecário. Estabelecendo-se, como o faz Borges, que todos os livros estão já virtualmente presentes na própria possibilidade de permuta dos caracteres, essas amplificações teoricamente não mudam a solução apresentada pela informática. Nenhum risco de omissão cometerá a máquina que os calcula com indiferença. O programa manipulará obstinadamente todos os ideogramas, silabários ou alfabetos até esgotar as combinações.

Todavia se, por infelicidade, pudesse faltar na Biblioteca uma só obra, o cálculo fracassaria. A ausência de um só livro, pois não se saberia qual, justificaria a presença de todos os demais, e a procura desse último desconhecido alimentaria a carreira de inumeráveis pesquisadores. O programa seria estúpido: para ser programada, a ausência do livro deveria ser conhecida, o que, na imensidade das variáveis, é inverossímil. A bem dizer, a simples dúvida de que possa faltar um livro bastaria para alimentar a esperança que brilha ainda, como uma candeia na noite, à cabeceira do texto maravilhoso de Borges. A incompletude é a única salvaguarda da biblioteca; sem ela, poder-se-ia suprimi-la e substituí-la por uma fórmula simples, por uma pequenina tela de monitor, que possibilitaria recriar todos os livros. As bibliotecas existentes sustentam-se apenas de suas carências. No dia em que se pudesse acreditar que elas foram abolidas, seríamos tomados de angústia, como se o céu estrelado de repente se solidificasse. Relembraríamos então a época feliz em que restavam ainda livros a serem escritos.

Só se dará fim a esse pesadelo – que é talvez, para alguns, mesmo entre os bibliotecários, um sonho – quando enfim for descoberta, talvez num velho manual de matemática ou de geografia, a primeira imagem. Afirmarão todos então já terem visto imagens, diferentes todas umas das outras, em livros esparsos, mas que tais coisas lhes pareceram apenas uma aberração ou uma mácula. Recordar-se-á de lhes ter sido negada a existência e queimados os seus inventores.

Compreendem-se essas reações: se a existência da biblioteca assenta-se sobre códigos que lhe dão coerência e lhe determinam os limites, a ideia de que possam existir signos que não obedeçam a nenhum código conhecido introduz uma quarta dimensão no Universo e tolhe a esperança de um dia dominar-lhe a compreensão.

A SABEDORIA DO BIBLIOTECÁRIO

Destruiu-se o princípio sobre o qual repousam nossas crenças na ordenação necessária dos signos, para conhecê-los, compreendê-los, controlá-los. Tudo o que não é linear é suspeito: mapas, gráficos, tramas, ornamentos, iluminuras. Certas obras absolutamente irredutíveis a qualquer leitura, cobertas de manchas e de lacerações, serão então classificadas sob rubricas infamantes: álbuns, tiras desenhadas, livros de artistas, hipergrafias. Os doutos de Babel os terão certamente arremessado do alto de suas galerias.

É à sagacidade dos bibliotecários que se deve a presença de imagens nas bibliotecas, enquanto muitos ecolatras as acusavam de todos os males, negavam-lhes qualquer cultura e julgavam poder pô-las de lado como divertimentos ou destinadas aos ignorantes. Viam na imagem a inimiga do texto, ao qual ela se opõe como o corpo ao espírito.

Não, a imagem não é preguiçosa: ela exige atenção e perspicácia, é uma figura construída; não, a imagem não é ilusória – ela se mostra como imagem e é o texto que, na maioria das vezes, mente por ela. Uma crença idólatra leva que a confundamos com aquilo que ela simplesmente mostra. Passou-se o tempo em que os bons pais arrancavam o frontispício ilustrado do *Jardim das Raízes Gregas*, ornado com uma gravura em aço representando um jovem grego em toga, abrindo os portões de ferro de um jardim à moda francesa. Terá verdadeiramente passado o tempo em que "se ensinavam às toupeiras" (ainda Anatole France)? A condenação da imagem revive a cada nova invenção. Ela invade hoje as novelas de televisão (outrora era o jornal ou o mau romance) ou os jogos em vídeo.

A imagem não ensina a ler, dizem: mas a leitura ensina a ver? A leitura atrofiou nossa memória e ensina-se a ler, mas não se ensina mais a falar. O grande processo que deveria tornar o sensível contrário à inteligência não se encerrou. A imagem e o texto, o código e o analógico, não são jamais independentes um do outro. Toda escrita é figura, toda imagem é codificada. Passa-se de uma a outra sem solução de continuidade: letras, ideogramas, pictogramas, alegorias, sinais de adivinhação, emblemas, marcas, monogramas, brasões, tabelas, mapas, esquemas, símbolos matemáticos, pontuações, números, faixas, vinhetas, caldeirões (pés de mosca) ponteiam os escritos. Há muito mais que vinte e cinco caracteres no teclado de meu computador, mais de oitenta na verdade, que se podem transmutar em vários formatos e estilos, quase infinitamente. Seja o que tenha dito Borges, nenhum alfabeto esgotará jamais a escrita.

A verdade reconhecida de que o universo não está previamente codificado e que todas as verdades não figuram necessariamente nos programas da Educação nacional proporciona ao bibliotecário toda a sua sabedoria: ele é o único que não tem medo de Babel, pois sabe que Babel é um mito, e que nosso conhecimento insere-se nele. Um texto escrito não é um texto falado. Para o linguista, que nele vê o mesmo texto, ambos se equivalem; para o bibliotecário, eles não têm nenhuma relação: são dois objetos diferentes; não são da mesma natureza, da mesma compleição. A leitura da *Ilíada* não nos dá

Homero. Alguns julgam que é por isso que se diz que Homero era cego: não que o fosse de verdade, mas seus olhos permaneciam mudos. Segundo nossos padrões, ele teria sido um iletrado, como Sócrates, Jesus, Buda ou Carlos Magno. As bibliotecas abriram-se depressa ao conjunto dos modos de conhecimento. Na cultura clássica, a biblioteca ficava próxima do gabinete de curiosidades. Os livros acotovelavam-se com os mapas-múndi, as aves empalhadas e os instrumentos científicos. As estampas não eram separadas deles: temos vestígio disso no Gabinete de Estampas da Biblioteca Nacional da França, integrado à biblioteca de Luís XIV, enquanto os outros grandes gabinetes de estampas, mais tardios, fazem parte dos museus. Em época mais recente, os bibliotecários passaram a guardar discos, depois vídeos, às vezes até obras de arte, emprestando-os aos leitores de "midiatecas".

Os bibliotecários, que conhecem os textos apenas pelo seu suporte e sua localização, não puseram fora nem os sons nem as imagens. Prudentemente classificaram os livros, sem recortar-lhes as ilustrações e a eles agregando os atlas, as estampas, as fitas cassetes, os cartazes e os CD-ROMs. Hoje facultam o acesso à internet e até colocaram à disposição fotocopiadoras, e aos cegos, gravadores. E estiveram certos em não se assustarem com os signos indóceis: são esses tão selvagens como os pintam? Não têm a música e a imagem suas regras? Para aprender a ler, não será preciso saber olhar e ouvir?

O bibliotecário não tem objeções contra os pixels que pulverizam as imagens e os sons. A transformação em números, em seu despojamento, não carrega nenhum significado, é o código no estágio zero, o sinal sem signo, de tal sorte que é dito imaterial, como se o signo só começasse a existir com sua interpretação. A biblioteca acolhe todos os signos, incluindo a música e a palavra.

Para mim, uma boa biblioteca deveria abranger lugares onde se pudesse ler em voz alta e outros reservados ao silêncio. Fui sempre contra a repressão radical de conversa nas bibliotecas, mas, caramba!, nossas orelhas não têm pálpebras, e a leitura não perturba os que conversam. A organização de trabalho em grupo e de debates públicos, parece-me, fazem parte das funções das bibliotecas. Recordo-me dos velhos magrebinos que vinham fielmente à biblioteca às cinco horas, todos os dias, e reuniam-se discretamente num canto. Falavam baixo e pouco, como à soleira da porta de sua casa, sob o sol de seu país. Que procuravam na biblioteca? A humanidade dos leitores, transeuntes silenciosos. Presenciei também encontros de jovens deficientes mentais, levados à biblioteca para lá encontrar uma atmosfera de ordem e recolhimento, de vigilância mútua, assentada no respeito da liberdade do outro. Por vezes eles gritavam a alegria de ter achado um livro maior do que o de seu vizinho, mas logo percebiam que as emoções mais fortes podiam ser vividas sem barulho.

Tem-se dito que a biblioteca é o lugar aonde as pessoas vêm juntas para se darem as costas. O mesmo se poderia dizer dos cafés e dos jardins públicos. Não reside nisso a razão de ser das bibliotecas? Quando elas se tornam virtuais, é porque as comunidades que elas formam não querem senão reencontrar-se. Não é à toa que o Vaticano não valida a participação à missa televisionada por pessoas "impedidas", a menos que o ofício seja transmitido ao vivo. Pode-se interpretar tal exigência como um tipo de superstição romana. A explicação oficial é que semelhante assistência da missa à distância só tem valor à medida que ela assenta a Igreja como assembleia de fiéis. O que é verdadeiro a respeito de telespectadores também o é quanto a leitores das bibliotecas *on-line*.

Frequentemente me perguntam: você acredita que possa haver bibliotecas que contenham apenas aparelhos monitores? Já existem muitas. Na nova Biblioteca de Alexandria, metade dos lugares está equipada com monitores, a outra, não. Constatei que apenas os lugares equipados com aparelhos estavam ocupados.

Há bibliotecas sem leitores: simples depósitos de livros destinados à "absoluta conservação" ou à difusão à distância para pesquisadores especializados, ou bibliotecas centrais de empréstimos, que distribuem seus livros para bibliotecas municipais. E há ainda bibliotecas sem livros.

A biblioteca conserva sua total pertinência: antes de ser o lugar de uma técnica ou de um suporte, a biblioteca, retomando a bela expressão de Robert Damien, é "o lugar dos vínculos". Ele existe em toda parte onde se vincula, sem protocolo nem contrato, qualquer coisa entre conhecimentos, através de qualquer mediação, inclusive da palavra. Muitas vezes o livro é apenas a ocasião do vínculo, seu prolongamento. O importante é que esse lugar, diferentemente da escola que deve ser obrigatória e única para nos transmitir os primeiros ensinamentos, permanece livre. A biblioteca deve apenas possibilitar relações entre pessoas afins. Afora isso, pode-se dar o nome que se queira à biblioteca sem livros: centro de recursos, midiateca, café-cibernético ou simplesmente, algum dia talvez, o Universo.

III

A DOBRA PRODIGIOSA

O possível desaparecimento do livro não preocupa muito o bibliotecário: ele não acredita nisso. Quando de um debate em Tóquio, em 2003, deveria eu discutir o assunto com universitários japoneses, especialistas do livro. Escutaram-me com um sorriso bem oriental, confessando-me afinal que nosso medo lhes parecia assaz exótico. Se o livro havia de desaparecer, diziam-me eles, então seria porque outros meios o substituiriam com vantagens! Aliás, para eles o livro era um produto de importação: não que lhes fosse desconhecido, mas jamais foi objeto de culto, como acontece nos países de religião monoteísta, chamados a justo título de "religiões do Livro". Falamos então do sagrado. Para nós, todo livro é sagrado, e o bibliotecário é um dos guardiões de sua liturgia. A palavra divina que ele tem por missão tornar visível impregna ainda suas páginas: dela restam vestígios em todos os exemplares, mesmo os mais vis.

Por mais que as gráficas façam um produto de consumo, cada livro ganha um tipo de respeito que não conhecem nem o jornal, lançado fora depois de lido; nem um filme, mero suporte de uma projeção; nem o disquete, que se apaga e que certamente desaparecerá antes do livro.

Instituindo o depósito legal de todas as obras impressas em seu reino, Francisco I, em 1537, atestava o valor insubstituível de ao menos um exemplar de cada livro, e estou persuadido de que existe nessa medida, além dos cuidados de sobrevivência e de conhecimento, parte da crença quase supersticiosa no valor sobrenatural do livro. Ademais, cada reforma do depósito legal levanta debates apaixonados: agarramo-nos ao livro como se sua perda tivesse efeito maléfico, e quando a lei estendeu o depósito legal aos programas de televisão, um decreto definiu triagem tão seletiva que, fosse aplicada ao livro, provocaria um escândalo.

Todos o comprovam em sua casa: atirar um livro ao lixo causa mal-estar. Isso não se faz. Vivi essa resistência quando tentei com alguns colegas introduzir na França a prática do "desmatamento", comuníssimo entre os anglo-saxões, para os quais a familiaridade dos livros não inspira os mesmo receios. O desmatamento consiste em eliminar dos acervos de uma biblioteca as obras obsoletas, inúteis ou desmanteladas. Estabelecera-se na França que um livro entrado num acervo jamais sairia dele, como os objetos de arte de um museu: desse modo, as bibliotecas públicas de leitura conservavam manuais de informática ultrapassados, livros de medicina errados e guias de viagens em edições antigas. Claro que tais obras deveriam ser conservadas em bibliotecas especializadas para pesquisas históricas, mas só perturbavam o leitor de bibliotecas generalistas. O acúmulo se sobrepunha à pertinência como se cada exemplar devesse ser guardado como lembrança. Mas lembrança de quê? Do livro sagrado, sem dúvida, portador de uma verdade eterna.

O conhecimento contido num livro, contrariamente àquele veiculado por outros suportes, fugazes ou fragmentários, é reputado definitivo. Ele assume a forma de uma verdade fechada em si mesma. Os outros meios vivem na contingência; apenas o livro, como pequeno monumento, mantém-se na transcendência. Um dos inventores do livro eletrônico cunhou a bela fórmula segundo a qual se o livro tivesse sido inventado depois do computador, constituiria enorme progresso. É igualmente por isso que as bibliotecas, tomadas por telinhas de todo tipo, estão ainda – vocês já o observaram – cheias de livros a não poder mais.

Mais do que sobre seu desaparecimento, o bibliotecário interroga-se sobre a proliferação do livro, sua consequente banalização e, aqui está o problema, sua degradação. Ele não é tão eterno quanto parece. O livro é frágil e corruptível. Seu papel se desgasta, seu conteúdo também. Pior ainda: à força de ser manipulado, perdeu sua aura, aquela espécie de ideal que representou para gerações em busca de conhecimento, de que Michelet se lembra:

Em minha juventude, uma palavra às vezes me fustigava, uma palavra que o trabalhador, o pobre repetiam de bom grado: Meu livro. Não se estava como hoje inundado de jornais, de romances, de um dilúvio de papéis [Michelet escreve estas linhas em perto de 1870!]. Não se tinha mais que um livro (ou dois) e a gente se apegava firme a ele como o camponês a seu almanaque. Esse livro único inspirava confiança. Era como um amigo. Num momento de ócio, ou um amigo nos levava à taberna, ou ficávamos no aconchego da família com nosso livro à mão[1].

Sabe-se hoje ainda o que seja um livro? Ao falar-se no século XVII de um livro, referia-se a seu conteúdo. Falava-se de um texto, não de uma figura, menos ainda de uma paginação ou de um volume. O texto confunde-se com o li-

1. Michelet, *Nos fils*, Paris, 1869, cap. 1, p. 359.

vro. Ora, se se pode interrogar a respeito do futuro do livro, não há motivo algum para que nos inquietemos quanto ao do texto, que se espalha por toda parte: sobre os muros, telas, etiquetas e embalagens, que consomem mundo afora mais papel que as edições (40% contra 0,4%). Há muito tempo o texto supera o livro. O livro não mantém mais, como aconteceu por um bom tempo, o monopólio do texto, e a história do livro não pode mais confundir-se com a história das ideias. Por muito tempo, as histórias do livro foram as histórias da literatura ou de seus autores. Para Kant, define-se o livro como uma unidade intelectual, um bloco de pensamento puro, coerente e firmando o valor de seu autor como indivíduo. O bibliotecário representou esse papel, e durante muito tempo só levou em conta o título e o autor de um livro. A bibliografia não é mais que a história dos títulos. Nos catálogos, todos os exemplares de uma mesma edição agrupam-se sob uma única referência. O livro é uma abstração, não tem existência própria. Espírito puro, não tem corpo e, portanto, não tem história. Tem toda

❦ 56 ❦

razão Michel Foucault de nos precaver contra a ilusão do livro como unidade intelectual:

Em vão o livro se entrega como um objeto que se tem entre as mãos; em vão ele se encolhe nesse pequeno paralelepípedo que o acolhe: sua unidade é variável e relativa. Uma vez interrogada, ela perde sua evidência; ela não se indica a si mesma, não se constrói, a não ser a partir de um campo complexo de discurso[2].

Todavia, o mesmo Foucault é apanhado por outra ilusão que confunde o livro com o texto. Quaisquer que sejam as forças da "intertextualidade", o livro é também perfeitamente esse objeto solitário que se tem nas mãos.

Tivesse eu hoje que definir um livro, falaria de um objeto que tem peso, formato, textura e preço, que circula e se transforma, cujos exemplares são diferentes uns dos outros, e que por sua estrutura possui certas propriedades. Diria que o livro nasceu da dobra. Tomemos uma

2. Michel Foucault, *L'Archéologie du Savoir*, Paris, Gallimard, 1969, p. 31.

folha de papel e dobremo-la pelo meio: teremos o que se chama um livro. Ele fica em pé. Abre-se e fecha-se. A folha tornou-se volume. Sob essa forma, chamada "códice", foi que lentamente, entre o primeiro e o quarto século de nossa era, o livro superou o rolo, muito menos prático. Suetônio atribui essa invenção a Júlio César:

> [...] parece que ele foi o primeiro a escrever seus relatos, dividindo-os em páginas à maneira de caderno de lembretes, enquanto antigamente os cônsules e generais escreviam os seus em folhas inteiriças[3].

O pensamento dobrado não é o pensamento desenrolado. Ele não ocupa nem o mesmo espaço nem o mesmo tempo. A dobra opera o prodígio de transformar uma forma simples numa forma complexa sem acrescentar-lhe nada. A folha passa do simples ao dobro, ao quádruplo e até mais, caso se queira. Adquire por um riscar de unha a terceira dimensão. Uma única dobra numa única folha basta para organizar o espaço

---

3. Suetônio, *Vida de César*, LV.

em quatro páginas que se abrem sobre o infi-
nito como o anel de Moebius. A dobra divide
os espaços sem separá-los, distintos e solidários
a um só tempo, dois a dois, frente-verso, mas
também face a face ou costa com costa, exterio-
res e convexas, interiores e côncavas, duas con-
tíguas e duas opostas. A folha dobrada, embora
seja única, desempenha papel diferente segundo
o ângulo considerado. Ela une e separa. O livro
permite desse modo que se pense o contínuo na
descontinuidade, e o descontínuo na continuidade. Da dobra nasce uma forma de pensamento que é a da dialética, que se articula ao ritmo
das páginas que se folheiam, que se opõem e se
passam adiante. Chama-se leitura o que orien-
ta esse espaço. Ele assume então um sentido. E
quando o livro termina, a tarefa está dobrada.

Nosso pensamento moldou-se sobre o livro
ou, dito doutra forma, o livro é a matriz de nosso pensamento ocidental. A forma do livro ex-
prime também uma relação com o tempo. O
essencial está gravado na lombada e na página
de rosto. O contrato anunciado no título deve

cumprir-se na última página, não antes e menos ainda depois. O tempo dos livros é o dos pêndulos: espacial, segmentado, regular e orientado, com um início e um fim, como o exige nossa concepção da História. Ocorre de forma diferente no rolo de verdades cíclicas e intermináveis, ou na tela aberta sobre um fluxo que não para nunca. Abrir e fechar um livro não se dá sem certa solenidade, que provoca em nós uma ressonância completamente diferente do ato de amarrar os sapatos ou de abrir uma gaveta. E esse ritual resiste. Uma encadernação não é uma caixa. Um livro não é um utensílio. Ele diz uma verdade ainda que trivial, dá-lhe um estímulo, inscreve-a na ordem das revelações. Dessas verdades que às vezes não valem nada, mas que nada obstante o livro proclama como tais, o bibliotecário conserva o registro. Um livro começa e acaba, abre-se e fecha-se, de forma linear e orientada, em seu princípio irreversível como o tempo, ainda que nada impeça que o leitor comece a lê-lo pelo fim ou interpolando os capítulos. Fechar o livro não é menos emocionante

❧ 60 ❧

do que abri-lo. Cada um desses dois gestos marca o que, no livro, é irremediável: tudo o que se passa entre eles provém do possível e do contingente. Tudo pode acontecer no interior de um livro, até a felicidade, como anunciava um *slogan* impresso sobre as faixas de uma associação de bibliotecários de Québec: "O prazer está sob a capa: converse a respeito com o seu bibliotecário". Mas, uma vez fechado o livro, seu poder se perde, como o da lâmpada de Aladin.

As folhas inserem-se umas nas outras para formar cadernos, os quais se sobrepõem. O elementar torna-se cumulativo, tanto quanto se queira. O volume cresce. O objeto novo adquire outra dimensão: não a terceira, que já lhe dera a dobra, mas a da totalidade. Tal dimensão não é espacial, mas intelectual: permite pensar a finitude, a da verdade como a da nossa vida.

A encadernação não faz mais do que consolidar os cadernos reunidos – representa a totalidade. Essa a razão por que tantas vezes ela assumiu amplitude não justificada por sua mera função. As encadernações de luxo têm conservado, con-

tra toda lógica, as nervuras aparentes na lombada, que não servem para nada, pois, há muito
tempo já se faz a costura dos cadernos de modo
invisível ao exterior; todavia, os bibliófilos ainda
as conservam. Sua presença é meramente sim-
bólica: elas ligam de fato o livro, destacam-lhe a
unidade. Uma vez encadernado, o livro torna-
-se objeto estável e perene, objeto definitivo que
contém um todo.

Às vezes esse todo é minúsculo, tendo os li-
vrinhos, como verdadeiros prodígios, fascinado
sempre leitores e bibliófilos. Algumas frases, alguns versos ou algumas figuras assumem, então,
reunidos dessa maneira, a forma de absoluto. O
volume regular que se abre, folheia-se e se fecha
está completo tanto no espaço como no tempo.
Nesse sentido é que Mallarmé queria que seu livro fosse "sua própria prova". Entre a frente e o
verso tudo deve ser dito. Nada deve exceder-se:
a errata inserida entre as páginas é uma ofensa.

O êxito do livro como forma de relaciona-
mento humano deve-se sem dúvida a esta dupla
qualidade: a dobra, que articula o pensamento

e a encadernação que o circunscreve. O livro é um móvel maravilhoso que guarda as ideias e os sonhos. Graças ao livro, reina a ordem no mundo das ideias e dos sonhos. Têm eles um início, uma continuação e um fim. Estabilizam-se. Escreve-se um livro uma única vez, mas pode-se lê-lo tantas vezes quantas se queiram, e as relações entre as partes, tão rigorosamente organizadas no que Alberto Manguel chama tão belamente "a relojoaria do livro", permanecem inesgotáveis. De fato, graças ao livro pode nosso espírito funcionar como um relógio.

Está hoje o livro um pouco por toda a parte. Longe de desaparecer, ele é multiforme, ocasional, vendável, posto em liquidação, distribuído, sai de nossa impressora, invade nosso escritório, é vendido nas mercearias, faz desabar as gôndolas dos supermercados; nenhuma celebridade efêmera sem um livro de confidências, nenhum escândalo do cotidiano sem um livro na semana. O primeiro concorrente do livro é o próprio livro.

A essa banalização deve-se atribuir o fantasma da morte do livro: o coche virou abóbora e os intelectuais, que o consideram sempre como o condutor de uma verdade única, suportam mal essa degradação. O livro, eles não o veem mais. Todos podem fazer um. Alguns fazem tantos quantos querem. Essa inquietude não é nova; começou com as impressoras a vapor e o papel contínuo, depois que o livro entrou no que hoje se chama "indústria cultural".

Nem a fotografia nem o cinema têm essa anterioridade fundadora que confere ainda ao livro seu poder de revelação e de consagração. Victor Hugo, apesar da alta remuneração que lhe ofereciam *Le Petit Journal* e *L'Évenement* (meio milhão!), apesar dos argumentos sociais ("Todos poderão lê-lo e a mãe de família, o bom operário das cidades, o bom trabalhador dos campos poderão, sem subtrair um naco de pão de seus filhos ou uma acha da lareira de seus velhos, espalhar à sua volta a luz, o consolo e a distração pela leitura de tua eminente obra") recusou que *Os Trabalhadores do Mar* aparecesse em folhetins: "É sob a forma de livro que *Os Trabalhadores do Mar* devem aparecer..."[4] (com um plural que mostra que para ele são os Trabalhadores que devem aparecer, e não o seu livro).

O livro deve seu êxito à sua reprodutividade; a obra intelectual é também um produto comercial. O livro impresso ergueu-se sobre duas pernas que o trouxeram até nós: a liberdade de consciência e o capitalismo. Alguns jamais o aceitaram e continuam a não aceitá-lo. Assim, o jornalista de 1830 deplorando que "a partir de agora se faz um livro como se faz uma pirueta", ou o de 1853 que se lamentava nestes termos:

Outrora em raros intervalos, no alvorecer de uma antiga biblioteca, em estantes carunchadas, apareciam, calmos e bem alinhados, veneráveis in-8º de encadernações vermelhas, em couro escurecido pelo tempo, em cuja lombada cintilavam em letras de ouro os grandes nomes de Corneille, Racine, Molière. E esses empoeirados ancestrais eram saudados e manuseados com todo o respeito. Hoje anuncia-se Molière ao

4. Citado por André Maurois em *Olympio ou la Vie de Victor Hugo*, Paris, Hachette, 1954, p. 474.

MICHEL MELOT

preço de um número do *Constitutionnel*, Racine custará menos que uma passagem de transporte, um bom charuto custará mais do que um Corneille[5].

Alguns autores, entre os mais respeitáveis, como Julien Gracq, recusam-se a serem editados em livros de bolso.

Quiseram alguns voltar ao manuscrito, mas o computador passou-lhes a perna personificando o livro, deles fazendo, até certo ponto, manuscritos automáticos, e dessa sopa de cultura efervescente da edição moderna surgem, como para salvaguardar um valor ameaçado, livros únicos, livros distribuídos apenas a poucos leitores escolhidos, livros que só têm sentido porque são livros, objetos simbólicos que se bastam a si mesmos, indiferentes aos signos que carregam, unicamente sensíveis a seu peso, formato, material, estrutura: a textura faz neles o papel de texto.

O bibliotecário que sou não se lamentará jamais devido à proliferação do livro, sejam quais

5. Marcelin, "Os Romances Populares", *Le Journal pour Rire*, nº 102, 10 set. 1853, p. 1.

forem suas consequências para os intelectuais nostálgicos, os autores vaidosos ou os editores ciumentos. Primeiro porque julga que tal situação é fruto de seu trabalho, como o de milhões de docentes que nos ensinaram a ler. E mesmo em nome dessa sacralidade, não se tem o direito de lamentar a profanação do livro, seja ainda à custa de sacrilégios.

Encontrará o bibliotecário a essa saturação do mundo do livro uma contrapartida de prazer imenso e de novos meios, a fim de que cada livro mantenha-se único apesar da abundância. Tem o livro inúmeras maneiras de distinguir-se dos demais. Os computadores possibilitam-nos escrever livros que editor nenhum jamais verá, mas que encontrarão seus leitores plugados, ou serão produzidos unitariamente, na medida exata do público escolhido. Pode tratar-se da imensa produção de relatórios, estudos, teses, memórias etc., que se engloba sob o termo evocador de "literatura cinzenta", e que tantos problemas traz ao bibliotecário, indeciso a que destino lhes dar. Essa literatura sem escritor, mas a que Barthes chama "escreventes", dignos também de consideração e muitas vezes talentosos, ocupa entretanto a maior parte do tempo de leitura do quadro de empresários, docentes, pesquisadores e altos funcionários.

Pode ser também o caso de livros caseiros, de que se imprimem vinte exemplares para familiares ou amigos: as memórias de um avô, um relato de viagem, o que outrora se chamava "livro de razão", uma coletânea de poesias, cujo gênero escasseia nos catálogos. O livro impresso desempenha o papel de álbum de família, tanto mais que os escâneres permitem hoje ilustrar à vontade. O livro caseiro confere ao diário íntimo o estatuto de "verdadeiro" livro e o "estatutifica". Alguns praticam esse tipo de edição como artesanato, tendo prazer em eles próprios montarem os cadernos e encaderná-los – exercício adotado nas escolas onde se levam as crianças a fazer "verdadeiros livros"; outros confiam seus textos e ilustrações pela internet a firmas que, em oito dias, produzem os vinte exemplares e os entregam encadernados para o consumo pessoal do autor.

Os livros múltiplos, por abundantes que sejam, podem tornar-se únicos. Florescem os livreiros ocasionais para esse mercado. Cidadezinhas veem-se inteiramente tomadas por livrarias que brotam como flores na primavera. Tenho o hábito a cada verão de deslocar-me pela estrada da Bretanha, entre Rennes e Saint-Malo, até a encantadora vila de Becherel para vaguear pelas reservas inesgotáveis e tomar um banho de livros até a saturação. O modelo é inglês, disseram-me, e podem-se encontrar outros na França e na Bélgica. Imagino que os bibliotecários poderiam inspirar-se nesse modelo: por que não construir uma cidadezinha de bibliotecas, cada uma tendo sua especialidade, seu logotipo, seus jardins e seus segredos? Passar-se-iam aí as férias, vir-se-ia passar o dia nelas, respirar os perfumes dos livros que se reencontram como velhos amigos, ou que se descobrem, inesperados, originais, inacreditáveis.

Os livros usados tiveram sempre minha preferência. Os que são meus e têm para mim o maior valor não valem nada para os outros. É

MICHEL MELOT

o livro de cozinha de minha tia que me despertou a vontade de cozinhar: um simples livro, uma papelada, cheia de fitas adesivas e recheada de receitas escritas com esferográfica sobre papel engordurado ou recortados do *Le Petit Écho de la Mode*. Ou este outro livro que me doou a descendente de um impressor de gravuras do século XIX, republicano fervoroso radicado em Montmartre. Era seu exemplar do *Tratado de Gravura* de Abraham Bosse, indispensável aos operadores em talho-doce, numa edição comum, mas sobre cuja página de guarda ele escrevera com seus dedos enregelados uma carta patética a seu irmão, quando do cerco de Paris, ao troar dos canhões, e na qual ele grita sua cólera, sua dor e sua determinação: "Render-nos, jamais! Fazer-nos avançar: sim!" Ou ainda esta história de Fontevraud de que um religioso da ordem arrancou as páginas referentes ao processo que seus irmãos tinham aberto contra a abadessa e que ela ganhou, mas que traz em exergo manuscrito um poema escabroso para a memória do fundador.

O grande colecionador norte-americano Bernard Rosenthal gosta de contar que seus pais ensinaram-no a redigir as anotações dos livros antigos, levando em conta que as anotações nas margens deveriam ser apagadas. Se isso não fosse possível, elas desvalorizariam o exemplar da mesma forma que as manchas e as oxidações. Ele, porém, se debruçou tanto sobre essas degradações que descobriu sobre um incunábulo anotações manuscritas de Erasmo, que acrescentaram ao livro um valor inestimável. Com o tempo, formou uma coleção excepcional de exemplares anotados, hoje conservados na biblioteca de Harvard. Seguindo seus passos, um livreiro parisiense, mais curioso que outros, publicou catálogos insólitos desses livros desprezados, mutilados, manchados cujo valor provém mais de sua história do que de seu conteúdo: um Euclides manchado, que o jovem matemático Muzio degli Oddi conservou, apesar da proibição que se lhe fizera de ler, na prisão da cidadela de Pesaro, em 1601, ou um exemplar apunhalado, no fim do século XVIII, do terrível *Tratado dos Três Impostores*, não se sabendo se seu dono sobreviveu. Amo esses livros, que são mais do que títulos e textos: são livros, enfim, que viveram.

A melhor maneira de fazer livros únicos é concebê-los como tais. E o livro sonhado por Mallarmé devia bastar-se a si mesmo, realizar a própria transcendência. Esse livro "absoluto" não era mais que um texto: pelo menos não se conservou dele um traço significativo. Era a um só tempo objeto e espetáculo. Não tinha autor, e sim um operador. Não era lido: executava--se. Seu público era ao mesmo tempo seletivo na versão representada, e ilimitado na versão impressa de 480 000 exemplares vendidos a um franco cada. O espetáculo no qual o manipulador fazia e desfazia os cadernos, expondo-os à vista do expectador e dispondo-os de diferentes modos num móvel que servia de decoração, desempenhava o papel de um gabinete de prestidigitação e de ofício litúrgico. Pode-se dizer que, inscrevendo o livro no mundo das artes plásticas e do espetáculo, Mallarmé abriu caminho não apenas ao livro de artista, mas também ao livro eletrônico, cujas combinações são ilimitadas e o texto às vezes virtual, indiferentemente escrita e imagem. Obra de arte total, o livro é um *site* (sítio), no sentido dado a essa palavra pelos internautas, um portal, breve, onde se pode escrever tudo, devendo-se, porém, configurar antes. Assim o diz o "Lance de Dados": "Nada terá tido lugar senão o lugar". E esse lugar é aquele em que reina o bibliotecário.

IV

O LUGAR DOS LIAMES

———————◆———————

O bibliotecário tem sempre um pouco de arquiteto: constrói sua coleção como um conjunto através do qual o leitor deve circular, reconhecer-se, viver. A palavra biblioteca acabou por designar simultaneamente uma coleção de livros (e de outros documentos), o móvel onde são postos e o edifício que os abriga, de tal modo que empregamos hoje uma palavra por outra, sem nos dar conta. Belo exemplo de metonímia. Borges admirava a língua francesa, a única onde se pode dizer: "Bebi um copo de tinto sobre o balcão (*zinc*)*. Segundo a mesma imagem literária, po-

---

★ "J'ai bu un verre de rouge sur le zinc". *Zinc* em francês também significa "balcão de bar" (N. do T.).

de-se dizer: "Li um livro de minha biblioteca".
Nesse sentido, escrever um livro passa a ser uma
metonímia, pois, cabia dizer-se: *Escrevi sobre um livro*
como se diz: *Li neste livro*, mas também: *Li este livro*.
Liber significa primeiro a madeira, isto é, o suporte
da escrita, e não a própria escrita. Da mesma forma,
biblioteca designa um depósito de livros, expressan-
do perfeitamente o continente e o conteúdo. Toda
coleção de livros é uma construção do espírito. A
palavra "biblioteca" aplica-se primeiro a coleções de
livros, como as Bibliotecas Azuis, Rosas ou Verdes
de outrora. Depois da Revolução Russa de 1917,
Górki concebeu um vasto programa sob o nome
de "A Literatura Mundial". Esse grande canteiro de
obras, que reuniria os títulos mais célebres e daria
trabalho a incontáveis intelectuais em férias, não foi
adiante. É reencontrado na Biblioteca da Pléiade ou
em várias coleções "universais", e prefigura os programas realizados hoje por bibliotecas eletrônicas,
como o *site* Gallica, da Biblioteca Nacional da França, ou o Projeto Gutenberg – formas modernas de
coleções universais. Mas quando se diz *Vou à biblioteca*, é com certeza a um edifício que nos referimos.

76

A sobreposição de conteúdo e continente, da coleção à construção é provocada pela configuração interna do livro, que é em si mesma um espaço e uma arquitetura. Poder-se-ia dizer que o livro é homotético da biblioteca que o contém: é uma justaposição de cadernos que a biblioteca prolonga numa justaposição de livros, de tal sorte que do livro à estante e da estante ao edifício existe uma continuidade física. Os metros lineares com que se preocupa o arquiteto medem apenas a espessura de páginas. A linha prolonga-se da página à prateleira, e a página apoia-se na capa como o livro apoia-se no suporte de livros.

Em belo ensaio, Emmanuel Souchier lembra-nos que o latim *pagus*, de onde se origina *pays* (país), evoca talvez os sulcos das lavouras ou das vinhas, cujas cepas dispõem-se como uma página escrita[1]. A página é, portanto, ao mesmo tempo, como diz Souchier, um *retângulo pensante*, mas também um espaço semeado de

---

1. Emmanuel Souchier, "Histoires de Pages et Pages d'Histoire", Anne Zali (dir.), *L'Aventure des Escritures. La page*, Biblioteca Nacional da França, Paris, 1999, p. 21.

signos. Lembra-nos ainda que o templo designa primeiro o retângulo que o sacerdote recortava (do grego *temno*) no céu para observar os presságios. O templo é assim primeiro esse espaço virtual de leitura, que o arquiteto no edifício e o escritor em seu livro materializam sob uma ou outra forma que se acaba sempre por chamar "biblioteca".

O livro ou outro suporte qualquer, por exemplo, o céu estrelado ou a palma da mão, é a um só tempo suporte e liame para tudo que nele se venha a inscrever. Será o lugar que faz o liame ou o contrário? Nada pode afirmá-lo: consideraremos, pois, a coleção de documentos inseparável da forma que a acolhe ou que ela acolhe.

Por longo tempo, as bibliotecas foram consideradas muralhas recobertas de livros. Sua arquitetura era de certa maneira *dublé* de uma parede de livros, ainda que não se pudesse imaginar uma biblioteca tão bem revestida de livros que as paredes pudessem ser retiradas como andaimes provisórios. Em visita à nova sala do Museu Britânico, Prosper Mérimée extasiava-

-se diante da engenhosidade de uma arquitetura tão funcional:

Quando se entra na sala, pode-se pensar que o intervalo entre uma coluna e outra está tomado por uma parede, mas essa parede não teria acrescentado nada à solidez. Preferiu-se acertadamente ocupar esse intervalo com o corpo da biblioteca[2].

Para o arquiteto que deve construir uma biblioteca, apresenta-se sempre a questão de saber se é melhor dispor as estantes ao longo das paredes de modo periférico ou, ao contrário, deixar a luz penetrar, como nos vitrais de uma catedral, pelas paredes, e juntar as estantes no centro do espaço. A escolha a ser feita não é apenas funcional: traduz várias concepções da leitura e do conhecimento. No primeiro caso, os livros rodeiam o leitor, cercado e como que protegido por eles, sob uma luz zenital que reforça o sentimento de intimidade mas também de

2. Prosper Mérimée, "La Noveau", *Le Moniteur Universel*, 26 ago. 1857.

clausura. No outro, é o livro que fica rodeado pelos leitores, sob a luz mais abundante e natural das paredes abertas para o mundo. Em seu *Cours d'Architecture* (1771-1777), Blondel opta:

> Convém que as bibliotecas sejam iluminadas do alto. Essa luz, mais propícia ao estudo, contribuirá para a simetria, recolhimento, e multiplicará as superfícies para colocação das estantes.

No Centro Pompidou, como muitos outros arquitetos modernos, Piano e Rogers fizeram escolha radicalmente oposta: não será neste caso a concepção de leitura diferente? Distinguir estes dois tipos de relação com o conhecimento seria um modo de escrever a história das bibliotecas. O dilema da biblioteca introvertida ou extrovertida, centrípeta ou centrífuga, balcão ou prisão, eu o vi certa vez expresso sob a forma de grafite na parede do banheiro (masculino) da Biblioteca Nacional, onde um leitor escreveu:

> Quem passou um dia na Biblioteca Nacional viveu um dia a menos.

Ao que outro leitor respondeu, logo abaixo:

Vá se danar, e deixe um lugar a mais!

A biblioteca como "lugar" é o envelope, ou o conteúdo de um cofre, da biblioteca como "liame". O liame consolida o lugar. O inverso é também verdadeiro. Ora, foi só depois do século XVII que se começou a falar da biblioteca como um edifício próprio. Ignora-se em que parte do museu se encontrava a Biblioteca de Alexandria. Luciano Canfora, que lhe conta a história, acredita que ela não ocupava um lugar definido, e sim alvéolos abertos nas paredes do museu, nos quais se inseriam os rolos. Nada se sabe também da "livraria" de Luís XII no Castelo de Blois, onde começaram a juntar-se os primeiros livros impressos no reino, encorajando-lhes a indústria.

A bem da verdade, não existe forma arquitetural própria para uma biblioteca. Pode-se dizer que não existe arquitetura preconcebida para bibliotecas como pode haver para estações ou estádios. Não posso observar o Aeroporto de Roissy ou o Arco da Defesa sem pensar que essas arquiteturas dariam maravilhosas bibliotecas. As mais antigas conhecidas são as compridas e largas galerias, semelhantes a basílicas, cujo teto teria sido rebaixado, oferecendo paredes suficientes para nelas ajustar as estantes, enquanto o centro é ocupado por carteiras e móveis baixos onde se pode acomodar os Atlas e os in-fólios. O conhecimento se alinha e, com o passar do tempo, expande-se.

No fundo, a arquitetura das bibliotecas data do dia em que se começou a se preocupar com os leitores, e a biblioteca se tornou espaço público, considerado lugar cívico. Esse encontro contraditório do livro e do leitor faz da arquitetura das bibliotecas um gênero próprio, deixando estas de serem simples "depósito de livros". No célebre projeto de Boullée para a nova biblioteca real, que lhe encomendou o ministro Colonne, em 1784, o arquiteto pôs pela primeira vez o público no centro, numa imensa galeria de cem metros por trinta, que tomava o lugar do antigo coro central. Nesta sala de leitura que prefigura a de Sainte-Geneviève, concebida por Labrouste, meio século depois, os leitores circulam ao longo das prateleiras de livros dispostas em degraus e se sentem à vontade com o *livre acesso*.

Foi uma primeira tentativa para resolver a questão bem conhecida dos bibliotecários: como conciliar as necessidades do leitor e as exigências do documento, sabendo bem eles da inteira oposição entre conservação e comunicação? É preciso reconhecer que esse problema é insolúvel, podendo se expressar sob a forma de um teorema simples: tudo o que é bom para a conservação é ruim para a comunicação, e tudo o que é bom para a comunicação é ruim para a conservação. Quando Umberto Eco, em *De Bibliotheca,* diz ironicamente que uma boa biblioteca, para ele, é aquela em que se pode fotocopiar o que se queira, saboreando um sanduíche – só lhe posso dar razão. Ah! Pobres dos livros dessa biblioteca miraculosa cujas encadernações resistem às fotocópias e o papel às manchas de gordura!

Essa discussão mobilizou muitos jornalistas quando da construção da Biblioteca Nacional da França. O que não compreenderam os projetistas dessa biblioteca é que se estava passando de uma lógica de acumulação para uma lógica de articulação. Querer juntar num mesmo lugar a totalidade dos conhecimentos postos num suporte não tem a menor viabilidade, a menos que seja, a título de referência, na internet. Renan já profetizara em *L'Avenir de la Science* que seria preciso refazer a Biblioteca Nacional a cada cem anos. Ela não é criada para a eternidade. É preciso que o tempo possa penetrá-la. Em nossos dias, isso significa necessariamente partilha de competências e trabalho em equipe. Nossas ciências estão assaz divididas, nossos sábios demasiado especializados, nossos suportes muito diversificados para que se possa imaginar utilizá-los sempre, todos, a um só tempo, no mesmo lugar.

Era muito firme o desejo secreto de alguns intelectuais, ciosos sempre de sua casta, indiferentes à miséria das bibliotecas universitárias, sustentando-a até com piedosos sortilégios, mas que de repente saíram de sua ignorância para reclamar sua obrigação: uma biblioteca única, consagrada apenas a eles, não para que nelas encontrassem tudo – o que todos sabem impossível –, mas para justificar que não se erguessem outras alhures. Reflexo clerical, repetido historicamente quando se trata de abrir o conhecimento, quando alguns conselheiros do príncipe querem conservar-lhe o controle.

Este velho sonho alexandrino era ainda possível no século XIX, e foi em cima de tal modelo que se construíram as grandes bibliotecas nacionais, erguidas no "alvorecer das nações", em Londres, Paris, Madri, Budapeste. É esse modelo, tornado anacrônico, mais simbólico do que eficaz, que a Biblioteca Nacional da França repete. Acreditando atender à injunção presidencial de fazer uma biblioteca "de um tipo totalmente novo", construiu-se o que será talvez a última das bibliotecas do tipo antigo, a de uma época em que se acreditava bastar uma biblioteca para reunir todo o conhecimento do mundo, à disposição de alguns. A arquitetura da Biblioteca

MICHEL MELOT

Nacional da França, em sua geometria implacável, é tradução fiel de uma concepção congelada do conhecimento. O encerramento dos espaços em si próprios e sua simetria perfeita são ainda a imagem de um saber perfeitamente ordenado, que nada deixa escapar. O enquadramento é levado até a sublimação: a beleza que assusta.

A primeira intuição da arquiteta Dominique Perrault fora muito poética e bem mais interessante: torres de vidro absolutamente transparentes, nas quais o transeunte veria, no dia a dia, crescer o nível dos acervos, isto é, a soma acumulada de nosso conhecimento nacional, como num termômetro público; um termômetro que mostraria a febre pelos livros. Já era, porém, tarde demais. Impunha-se agir depressa, como se as eleições próximas anunciassem o fim do mundo – e construiu-se essa biblioteca que aí está, esquartejada, de cabeça para baixo. E impõe-se muita energia e talento para os que a fazem caminhar bem. Ter-se-ia em seu lugar, caso ela não tivesse sido construída, a grande rede de bibliotecas de pesquisas que falta à França?

※ 86 ※

Tenho quanto a isso sérias dúvidas, e não lamento nada, a não ser que a tenham concebido dessa maneira. No fundo, será talvez nosso mérito, um dia, ter querido construir na França a última das bibliotecas que se acreditarão universais.

É a própria ideia de biblioteca nacional que está em jogo e cuja crise corresponde à da própria ideia de nação. As violentas polêmicas que acompanham com regularidade todo projeto desse tipo, em Londres como em Paris, em Tóquio como em Viena, em Buenos Aires ou Montreal, têm-me convencido de que esse gênero de exercício guarda apenas relação distante com o trabalho dos leitores e a pesquisa científica em geral. Nos países federais, a exigência é maior, e os projetos da Biblioteca Nacional de Québec ou da Catalunha levantam problemas que nada têm de biblioteconomia. A força das bibliotecas dos cantões em Zurique ou em Lausanne tolhe qualquer projeto arquitetônico nacional de importância na Suíça: ela daria antes todas as oportunidades a um sistema moderno de rede eletrônica, se o multilinguismo não complicasse a realização. Antes de ser ferramenta de trabalho para os pesquisadores, uma biblioteca nacional é símbolo político que deve expressar a unidade do país. Alguns países têm várias: Itália, África do Sul, Reino Unido. A Rússia proveu-se de uma Biblioteca Nacional em Moscou e de uma Biblioteca de Estado em São Petersburgo. Outros usam como biblioteca nacional a maior do país: a Biblioteca Universitária de Helsinki ou a pequena Biblioteca Nacional de Reykjavik. Em que pesem os estudos desenvolvidos, jamais se conseguiu traçar a lista das funções específicas que definam uma "biblioteca nacional". Cada uma tem suas missões, mas cada missão poderia ser preenchida num setor de serviços distintos de uma biblioteca do país. Por que, então, a necessidade de uma biblioteca nacional, perguntarão, que se apresente como acessório imprescindível de um país civilizado? Precisa-se dela menos como uma coleção de acervo de documentos úteis, que se sabem cada vez mais dispersos, do que como um lugar simbólico que torna visível a transformação dos conhecimentos em poder. A França provou-o, e não é a única: todas as estantes das grandes bibliotecas desencadeiam paixões. É nossa "arqueologia do conhecimento", diria Foucault, pondo-nos de sobreaviso contra as ilusões unitárias e totalizantes do pensamento que está em jogo. Por todo o mundo, uma única biblioteca não pode fazer tudo: tratar de todas as disciplinas, com todos os suportes, acolher todos os públicos e, principalmente, satisfazer em todos os sentidos os imperativos contraditórios da conservação e da comunicação. Impõe-se estabelecer o princípio de que em certas bibliotecas, cuja missão será a conservação de documentos, as regras de preservação prevalecerão sobre o atendimento aos leitores, e que em outras, ou graças a outros suportes, os direitos do leitor estarão imunes às regras impostas à conservação dos livros.

A solução, no entanto, é simples como o ovo de Colombo: é preciso distinguir as bibliotecas que têm como missão prioritária a conservação de documentos, em detrimento dos leitores, daquelas que se impõem primeiro servir os leitores, em detrimento dos livros. Com base nisso é que um exemplar de cada obra norueguesa conserva-se num depósito do círculo polar, a menos 8 graus centígrados, para onde duvido que muitos leitores irão. Na Inglaterra, o centro do Boston Spa, no povoado de Yorkshire, é uma espécie de duplicata da British Library, reorganizada para despachar seus livros pelo mundo inteiro, sendo-lhe absolutamente secundário o atendimento aos leitores. No Japão, a nova Biblioteca de Kansai está construída longe das cidades e distribui seus documentos à distância, apesar de ter previsto também alguns espaços para leitura. No Canadá, a Biblioteca de Québec foi desenvolvida em duas partes: uma biblioteca de conservação, afastada da cidade, e uma biblioteca de comunicação, no centro da cidade.

Quando o espaço duplicado parece demasiado distante ou muito oneroso, as bibliotecas dividem entre si um edifício confortável e inundado de luz, projetado primeiro para acolher o público e dar-lhe todas as facilidades de trabalho (começando pelo empréstimo de obras ou livre acesso às coleções), e outro, de acesso restrito, equipado para as exigências da conservação, às quais devem sujeitar-se os leitores. Em Bruxelas ou em Pequim, os edifícios antigos foram adaptados para conservar os fundos históricos úteis aos historiadores que aí trabalham com precauções, como num arquivo ou museu.

A mistura dos dois é explosiva: os documentos correm risco e os leitores ficam insatisfeitos. Em geral, o bom senso obriga o bibliotecário a expor previamente as prioridades e as especialidades de sua biblioteca. Queira ou não, ele é tomado por esta lógica inelutável: conservar ou comunicar. A ilusão de que se poderá copiar tudo em discos rígidos não resiste um instante aos cálculos da proliferação do que se produz e à constatação opressiva de que a maior parte dos documentos não serve mais a ninguém. Assumir, para o famoso *historiador futuro* (que poderá, uma vez na vida, espero, deslocar-se para consultá-los num local adequado à conservação), os custos de um registro, cuja própria conservação não é garantida e que precisa ser periodicamente refeita, levanta um fantasma: os arquivos de filmes e de televisão sofrem amarga experiência nesse sentido. Impõe-se, pois, multiplicar os lugares cujos equipamentos e regras de acesso sejam opostos. A nova British Library deveria enfim reunir num só local as dezenove implantações de seus serviços espalhados por Londres. Isso feito, depois do reagrupamento, restam ainda seis ou sete. A Biblioteca Nacional da França, que alguns julgavam poder oferecer tudo num só local, não se eximiu de manter várias implantações, sendo pelo menos três principais, em Tolbiac, Richelieu e Marne-la-Valée, tendo cada uma delas sua função específica, sem contar algumas excrescências.

Pode-se considerar hoje ligada em rede qualquer biblioteca universal. O mito tão bem descrito por Alain Resnais em seu filme *Toute le Mémoire du Monde* realizou-se definitivamente. É Gallica, o sítio eletrônico da Biblioteca Nacional da França, que concretiza o projeto de uma "biblioteca de tipo inteiramente novo", o que não exclui os "depósitos de livros" especializados e em lugares diferentes. A ideia de encadear as grandes bibliotecas entre si impõe-se, como a única fórmula útil, sobre o modelo das bibliotecas alemãs ou das bibliotecas nacionais norte-americanas para a medicina, o direito, a agricultura, que conhecem os produtores dos documentos, as necessidades de seus leitores, e são capazes de estabelecer bases de dados acessíveis a todos os outros.

A especialização dos espaços deve também responder à diversidade dos recursos de mídia. Os *vídeos* não se consultam como os livros, as crianças não leem como os pesquisadores; não se consulta um índice como se faz a leitura, caneta à mão, de uma tese. Em suma, a arquitetura da biblioteca complica-se, e vemos em nossos dias maravilhosa floração de notáveis arquiteturas. A biblioteca antiga era um polígono, de formas regulares e simples. A biblioteca atual, em geral, sai de seu quadrilátero: primeiro pelos anexos e edifícios organizados em rede, mas no interior do mesmo espaço, para responder à expectativa de todos.

Os leitores não são todos iguais: uns leem escondidos, outros abertamente. A biblioteca precisa ter grutas e jardins; espaços claros e abertos onde se possa ler de pé, tomando-se notas sobre carteira; cantos íntimos onde se possa ficar isolado e digitar no *notebook*. Eu veria com bons olhos, como na Índia, salas de meditação, sem um único livro, para meditar-se em silêncio, e salas de discussões para nelas se trabalhar em grupo. Em nossos dias, a construção de bibliotecas se tornou um desafio para o arquiteto. Os melhores estão quase todos envolvidos no processo.

A Finlândia é um paraíso para a arquitetura e para as bibliotecas. Dez vezes menos numerosos que os franceses, os finlandeses tomam de empréstimos tantos livros quanto os primeiros: mais de cem milhões por ano. O grande arquiteto Alvar Aalto foi um dos primeiros a "sonhar" com uma biblioteca que não seria um paralelepípedo retangular. Sua pequena biblioteca de Seinäjoki (1965), em leque e sobre vários níveis, é a primeira maravilha. Outros o seguiram e abandonaram as tristes normas ditadas por arquitetos norte-americanos especialistas das universidades (um nível só, ângulos retos por toda a parte, luz monocórdia), que só pensam em *cost effectiveness*, e acabam – à força de justapor salas de espera para estudantes apressados – por desperdiçar o espaço e as coleções como numa economia de países ricos.

Os arquitetos não especializados em bibliotecas inventaram fórmulas mais felizes: adotaram muitas vezes o plano centralizado, em pente, como em Göttingen, ou em arborescência radiante em torno de uma espinha dorsal, como na soberba biblioteca nova de Alexandria, projetada por jovens arquitetos noruegueses (o ateliê de arquitetura Snøhetta); o plano disposto sobre níveis diferentes para conservar a unidade dos espaços, distinguindo bem uns dos outros, ainda como em Alexandria, que reaproveita as salas em degraus de Boulée, ou na soberba biblioteca construída em Berlim por Sharun, que serviu de cenário no filme *As Asas do Desejo,* de Wim Wenders; o conjunto de volumes variados como os projetados por Louis Kahn, na biblioteca de teologia da universidade de Berkeley; a mistura, enfim, num confronto salutar de edifícios antigos renovados – onde se conservam em suas estantes originais os acervos históricos – e edifícios novos, como na arquitetura de Pei para a Biblioteca Central de San Francisco, de dupla face.

Em ação consensual e conjugada do estado e das coletividades territoriais, a França revestiu-se há vinte anos de um manto branco de bibliotecas públicas, nas quais os arquitetos se superaram em Arles, Poitiers, Bordeaux, Montpellier, Limoges e em centenas de cidades grandes e médias. O sucesso das bibliotecas públicas atém-se tanto à qualidade de seus espaços quanto à riqueza de seus acervos. Os bibliotecários praguejam por vezes contra essas arquiteturas extravagantes e incômodas, distantes do *cost effectiveness* norte-americano. Têm razão: nada impede o bom arquiteto de lhes seguir os conselhos para que o êxito seja total. Mas os leitores vêm a elas, agradam-se delas e as adotam. Que exigir de melhor para uma biblioteca "pública"? Ah, sim! O mesmo vale para as bibliotecas universitárias, tomando-se como exemplo hoje aquela da Universidade de Paris VIII, que se deve a Pièrre Riboulet, o arquiteto francês que mais se notabilizou neste domínio.

Sejam quais forem as facilidades eletrônicas que unem uma biblioteca à outra, elas carecem de espaço e, hoje, de múltiplos espaços. Designar a residência para o conhecimento do mundo é certamente a definição da biblioteca, mas fazer dessa residência um lugar de acolhimento e de encontros também o é. Esse espaço tornado multiforme, edifício ou tela, esse templo moderno recortado no mundo para nele inscrever suas representações, é com todo acerto que nós o chamaremos sempre *a biblioteca*.

V

LATITUDES

❖

Duas universitárias africanas enfrentaram-se num debate. Uma refutava a teoria de que a África teria sido um continente sem escrita: além do *tifinagh* dos berberes e do *gueze* dos etíopes, escritas seculares, várias outras foram inventadas depois da colonização, calcadas no modelo da europeia, na região de Serra Leoa e da Libéria; mas essas ousadas tentativas foram reprimidas pela Igreja ou pelo exército colonizador que, na República dos Camarões, por exemplo, teria lançado no rio as primeiras fontes de caracteres da cartilha dos bamuns. A outra contestava essa visão da história, preferindo admitir a ausência de escrita própria da África e reivindicando-lhe a oralidade, cuja escrita nos fez perder suas virtudes, levantando a questão de saber como civilizações inteiras conseguiram viver sem a escrita. Na África, as bibliotecas chegaram com o Islã, depois com a colonização e, em nossos dias, com as ONGS. Para manter-se esclarecido, o bibliotecário deve recordar que a própria ideia de biblioteca é coextensiva à do livro, e não é universal. A palavra "biblioteca" não existia em japonês antes que o Ocidente o influenciasse.

Têm as bibliotecas uma história e uma geografia. Há uma "geopolítica" das bibliotecas. No seio do mundo ocidental onde se desenvolveram, existem diferentes tipos de bibliotecas, que a universalização não está preparada para uniformizar. Num filme de Alfred Hitchcock, *Falsa Testemunha*, vê-se uma mulher em agonia que, para sobreviver, precisa telefonar a alguém de quem não possui o número. Ouve-se então esta frase, impressionante para um francês: "São 19 horas. A biblioteca deve estar aberta. Vou até lá consultar um catálogo telefônico". Sei de poucas bibliotecas na França abertas até 21 horas, e menos ainda de gente que lá vá para consultar catálogos.

Não temos nos países latinos esse "reflexo bibliotecário", talvez desde que o papa Pio IV proibiu aos católicos, na época da Contrarreforma, ler a Bíblia em língua vernácula, sem autorização escrita de um confessor, enquanto os reformados faziam dessa leitura um dever cotidiano.

Os ingleses têm uma lei sobre as bibliotecas que impõe às comunas a manutenção de uma biblioteca pública e gratuita, lei essa que se estendeu às regiões colonizadas, no Quênia ou na Índia. Possui a França lei semelhante voltada às escolas, e que Jules Ferry acreditava ineficaz se não fosse complementada por uma lei afeita às bibliotecas. Espera-se até hoje essa lei. Há nisso grande diferença de enfoque do aprendizado público. Sem dúvida é simplismo opor assim cruamente os países católicos e os protestantes, mas basta ler Tocqueville ou Max Weber para convencer-se de que o contraste entre as duas zonas de influência é assaz real e sempre vivo, apesar das aproximações espetaculares. Max Weber, no célebre ensaio *A Ética Protestante e o Espírito do Capitalismo* (1905), fala de "bibliocracia".

❦ *101* ❦

MICHEL MELOT

Os franceses resistiram sempre ao modelo inglês: lembremo-nos dos discursos de Mérimée contra a adoção dos catálogos alfabéticos e não mais temáticos, ou contra o acesso livre às estantes, mesmo na Biblioteca Nacional da França; e, mais perto de nós, dos panfletos enérgicos de Ernest Coyecque e de Eugène Morel, bibliotecários precursores, que pregaram no deserto em favor da "livraria pública". O antagonismo franco-inglês não permitia, claro, uma aculturação tão rápida! Foram os norte-americanos que nos ensinaram a *public library*, servindo-lhes as duas Grandes Guerras como ponta de lança. Foram as mulheres norte-americanas que nos trouxeram as "bibliotecas móveis" para atender às pequenas comunas da Picardia com seu Comitê Norte-Americano de Ajuda às Regiões Devastadas em 1920, o primeiro ensino de biblioteconomia na França, pela escola norte-americana de Paris e a reconstrução da Biblioteca de Reims, graças aos fundos Carnegie. Foi na Amerika Gedenk Biblioethek, "biblioteca de lembranças", construída graças à ajuda nor-

❧ 102 ❧

te-americana a Berlim, depois da Segunda Guerra Mundial, com acesso livre a todos os livros, que Jean-Pierre Seguin se inspirou para projetar a Biblioteca Pública de Informação, no Centro Pompidou.

O mundo latino teve sempre suas bibliotecas, mais controladas e com menor preocupação de abertura ao público. Quem eram os leitores da Biblioteca de Alexandria? Esta, como a maioria das bibliotecas de hoje, era dupla: uma parte, situada no Templo de Serapeum, e que se abria mais amplamente do que a do museu, reservada aos eruditos. Em quem pensava Petrarca quando queria legar seu acervo de livros à República de Veneza, a fim de torná-lo público? À expectativa de quais eruditos ou curiosos respondia a abertura da Biblioteca Ambrosiana de Milão, a de Mazarine ou a de Troyes em 1651? O movimento latino de abertura das bibliotecas ao público deve-se, sem dúvida, aos "libertinos", que defendem o livre pensamento.

Entretanto, as bibliotecas latinas distinguem-se sempre das anglo-saxônicas pelas suas horas de abertura, o acesso mais complicado aos livros e pelo estatuto dos acervos, ainda que tais critérios evoluam rapidamente sob a influência do modelo anglo-saxão. A imagem que muitos latinos têm da biblioteca é a de um lugar fechado, reservado aos eruditos locais e a alguns eventuais estudantes. Para quebrar essa imagem negativa, foram precisas uma ou duas gerações de militantes convictos que abriram a biblioteca aos novos meios de comunicação e aos jovens. Daí o sucesso da fórmula da "mediateca" na França, palavra miraculosa, sem equivalente na América, simplesmente porque os norte-americanos, com suas *public libraries* abertas às 21 horas, não necessitam dela.

Vi bibliotecas públicas nos Estados Unidos que emprestavam não só livros e vídeos, mas também utensílios de bricolagem e de jardinagem. Nelas se encontram também serviços de voluntários, de *baby-sitting* ou *car-pooling* (carona), seções anexas de serviços sociais ou administrativos. Na Biblioteca de Nassau, bairro pobre de Nova York, de moradores negros e jamaicanos, encontra-se o que os bibliotecários norte-americanos chamam *senior connexion*, um serviço de amparo que fornece confidencial e gratuitamente assistência social, assistência jurídica e cursos de línguas para imigrantes. Os serviços para pessoas deficientes são aí mais desenvolvidos do que nas bibliotecas "latinas" onde, até data recente, eram raros.

A Biblioteca do Congresso possui serviço especial de cento e trinta funcionários que produzem e fazem circular gratuitamente pelos Estados Unidos documentos sonoros ou em braile, e gravadores adaptados aos cegos. Os franceses, tão ciosos, a justo título, da qualidade de seus serviços públicos, deveriam inspirar-se nisso.

É verdade que a França tem serviços sociais administrativos que não se assentam na rede das bibliotecas e do voluntariado (*volunteers*). A *public library* é sistema feito para cidadãos que não contam com a administração e cujo modelo é o *self-made man*. O *self-made man* pode ficar sem educação nacional, mas não sem *public libraries*. Não são precisamente o desenvolvimento dos serviços públicos franceses, a onipotência da administração e a força da Educação Nacional que deixaram na sombra os serviços de informação e a ajuda que podem fornecer as bibliotecas públicas? Estou persuadido disso, e com certeza eu não trocaria o nosso sistema pelo deles, mas não poderíamos sonhar com serviços sociais tão organizados como os que alcançamos na França, acompanhados ademais de uma legislação a respeito das bibliotecas e dos serviços múltiplos de aproximação dos cidadãos? Um exemplo ajudará a bem compreender a distância existente entre os dois sistemas de leitura pública. As bibliotecas anglo-saxônicas vendem em feira de liquidação os livros que desejam descartar. Os bibliotecários franceses têm sido lentos em aceitar isso, pois se lhes parece um sacrilégio. Os bibliotecários anglo-saxões não têm o menor escrúpulo de expor o que na França se rotula com desprezo como "literatura de estação". Aí temos a *public library* divulgando, em destaque, os romances de espionagem para os homens e os Harlequin para as senhoras. O contraste é ainda

106

surpreendente no que tange aos serviços das bibliotecas aos imigrantes e, de modo geral, às "minorias". Nos Estados Unidos, como na Grã--Bretanha ou na Alemanha, não é raro ver-se nas bibliotecas públicas estantes turcas ou indianas, enquanto na França poucas bibliotecas públicas possuem acervos atuais em árabe ou em armênio (ainda que se tenha tentado várias vezes a experiência). Além do Atlântico, essa é a regra. A Biblioteca Central de San Francisco é uma torre de babel, com quarenta serviços diferentes, mantidos, em sua maioria, graças aos fundos coletados pelas próprias comunidades: há a sala dos filipinos, a dos chineses, a dos mexicanos e a dos porto-riquenhos. Existe também a dos homossexuais. Em suma, uma constelação de acervos de livros atuais, suportados por serviços de apoio, que reflete a ideia que se faz do *melting pot* (cadinho) norte-americano. A França conserva ainda em suas bibliotecas o princípio de integração baseado no modelo imposto às escolas.

Na França, iniciativas dessa natureza enfrentam às vezes a incompreensão dos serviços municipais. Em contrapartida, as midiatecas à francesa desenvolveram atividades culturais que não se encontram com a mesma intensidade nos países nórdicos. A biblioteca "latina" é talvez menos qualificada para a leitura e o empréstimo, mas acolhe manifestações que atraem grande público: exposições, debates, conferências, feiras de livros... Convidado a dar palestras na Finlândia sobre o florescimento de bibliotecas públicas na França, para lá fui com muita modéstia, sabendo que aquele país tinha tudo a nos ensinar nesse campo, pois tem uma taxa de inscrições próxima da metade de sua população, quando a da França é de apenas de 20%. Ora, os colegas finlandeses maravilharam-se com o que fazíamos, sentindo-se imensamente abatidos por se reduzirem a "máquinas de emprestar livros". Apressaram-se em enviar uma delegação profissional que aprendesse o que os franceses chamam de "animação cultural".

A biblioteca progride. Creio que está em progresso porque permite o desenvolvimento das consciências sem opressão; mas carrega consigo

❧ 108 ❧

certa ideia de liberdade que não se saberia impor àqueles para quem ela não é uma evidência. A liberdade – disse Victor Hugo – não se planta como uma estaca, mas como uma árvore. É evidente no Ocidente que as mulheres têm o mesmo direito de entrar numa biblioteca que os homens; fiquei chocado, num primeiro momento, ao constatar que a soberba Biblioteca de Dubai, construída graças às doações de um magnata árabe do petróleo, previa uma separação entre homens e mulheres. Observadores mais preparados informaram-me que essa já era uma grande conquista num país onde as mulheres jamais haviam podido entrar numa biblioteca. Qual não foi mais tarde minha surpresa, ao visitar em Seul a grande biblioteca pública de Namsan, cuja fórmula retoma a da *public library* num país sob influência norte-americana, e ver, como em Dubai, uma sala reservada aos meninos e outra às meninas.

Será que a teia de aranha inelutavelmente tecida sobre o mundo envolverá as bibliotecas com um tecido uniforme? O inglês norte-americano é sem dúvida a linguagem veicular dos computadores, e a Biblioteca do Congresso impõe suas normas mesmo quando se contrapõem às das organizações mundiais. As coisas, porém, não são tão simples assim. A imagem, privilegiada pelas indústrias orientais, que continuam alimentadas por ideogramas e às quais a imprensa e os teclados se impuseram, não é outra linguagem universal? Não é por razões econômicas, mas antes culturais, que o Japão mantém o quase monopólio dos aparelhos voltados para a imagem: gravadores, câmeras, fotocopiadoras, escâneres. Os países sem escrita conhecem todos a televisão. Etnólogos encontraram índios da Amazônia estimulados pelos exploradores de sua floresta, que traziam seu gravador a tiracolo para comunicar-se com seu advogado. Da oralidade ao audiovisual, essas civilizações passaram por cima da imprensa. Não escaparão da escrita, mas é a internet, e não o livro, que lhas ensinará.

Mesmo não sendo uniforme, o mundo das bibliotecas não se manterá imóvel. Todavia, é elemento de estabilidade no conhecimento, porque se move na velocidade da mudança dos continentes. Chama-nos à ordem. As separações permanecem entre países pobres e países ricos, entre o pensamento oriental e o ocidental, e até entre duas freguesias. É preciso precaver-se de ir depressa demais, e aprender primeiro a conhecer-se. Uma biblioteca não pode inspirar-se em apenas um modelo dentro do conjunto do universo, pois, onde se quer edificá-la, seus alicerces já estarão sempre assentados.

VI

PLANETOTECA

Os ecólogos e os filósofos costumam dizer que existem dois livros: o grande livro da natureza, o qual podemos ler como num livro aberto, e o livro escrito por Deus, acessível através do primeiro e do qual não passa de uma cópia ruim. Se tudo já está escrito, se tudo é signo, então tudo é passível de leitura, podendo o mundo comparar-se a uma vasta biblioteca – que está ainda à procura de um bibliotecário. A imagem do mundo como um enorme livro perseguiu sempre o espírito dos homens, e a metáfora da natureza como biblioteca vingou. Saint-John Perse, em sua seleta de poemas intitulada *Vents* (*Ventos*), escreve:

E a terra de longos traços, sobre suas mais longas linhas da praia, correndo, de mar a mar, com as mais elevadas escritas, no desenrolar longínquo dos mais belos textos deste mundo.

Esta antiga crença não perdeu sua pertinência hoje. Mesmo não mais se acreditando no mundo ideal de Platão, parece que não podemos fugir da ideia de que em alguma parte, ao menos em nosso cérebro, o mundo não seja um tanto organizado. Se a "biblioteca", em sua origem, não designava mais que um "depósito de livros", tantos outros objetos acabaram nela se intercalando, que a palavra se abriu em interminável registro. O mundo inteiro parece hoje realizar encontros em "entrepostos" onde os objetos do conhecimento se classificam e conservam. A "discoteca" designa hoje mais um ambiente noturno do que um "entreposto de discos"; no estrangeiro fala-se de "hemeroteca" para designar o local onde se conservam as coleções de periódicos: as fototecas são por sua vez coleções de fotografias e bancos de imagens

A SABEDORIA DO BIBLIOTECÁRIO

exploradas por poderosas agências que servem à mídia – ampliou-se ainda o campo com "iconotecas"; as "videotecas" espalham-se, acompanhadas ou não de livros; e criam-se "logitecas" ou bibliotecas de programas, "ludotecas" para os jogos, "cassettotecas", "artotecas" e outros barbarismos. Nos pontos comerciais, pode-se com frequência ver "enotecas" e até "pizzatecas". Na grande, de papel, espécimes cujas páginas são todas virgens, que todavia se folheiam com fascínio, mais com os dedos do que com os olhos, biblioteca virtual para futuros escritores. No Forte de Saint-Cyr, perto de Paris, é mantida pelo Ministério da Cultura (Administração da Arquitetura e do Patrimônio) uma "materialteca". Ela não coleciona nem pedras nem moluscos, mas amostras de materiais de construção extraídos das bases de monumentos históricos e que servem de referência aos arquitetos encarregados das restaurações. Eles encontram aí modelos datados e classificados por região de cimentos, pavimentos, telhas, fechaduras, molduras etc. Encontram-se na internet – que se tor-

❧ 115 ❧

MICHEL MELOT

nou a maior biblioteca do mundo – bibliotecas
de um pouco de tudo: de formas, de logos, de
algoritmos e outras fórmulas destinadas a mo-
delar o mundo.

Os astrônomos e os botânicos são, junto com
os bibliotecários, os maiores classificadores. Os
estudiosos de ciências naturais aproximaram-se
muitas vezes dos bibliotecários em seu empe-
nho de classificação racional. Suas classificações
incidem sobre objetos reais: rochas, fósseis, moluscos, insetos, sementes e plantas. A enorme
quantidade obriga os estudiosos ao mesmo exercício contraditório de classificação, operação intelectual que se traduz em tabelas e classificação
que leva à colocação em estantes ou gavetas de
centenas de milhares "de indivíduos" devida-
mente repertoriados, fora da ação do tempo.

Cita-se o abade Gregório como o salvador de
livros durante a Revolução Francesa. Para tolher
o afluxo de bibliotecas confiscadas aos bispos e
nobres, foi ele de fato quem editou as primeiras regras de inventário e as diretrizes para abrir
esses acervos ao público, o que ele fez em seu

❦ 116 ❦

episcopado de Blois, transformando a suntuosa residência do bispo anterior, Lanzieres de Thémines, e seus jardins suspensos sobre o Loire, em casa do povo.

Juntamente com ele, dever-se-ia mencionar outra personagem também apaixonante, Félix Vicq d'Azyr, especialista em anatomia comparada, grande classificador, que exerceu seu talento em acervos de ciências naturais e até de arquitetura, ou em tudo o que hoje se chama "patrimônio cultural". A *Instrução* de setenta páginas que, em 1794, ele despachou em nome da Convenção Nacional a todos os distritos classifica todos os objetos, pois, "o povo reconquistou a liberdade, e daí em diante, tudo o que tem a ver com seus trabalhos, com seu costume, à pobreza que o honra, à simplicidade que o caracteriza, torna-se objeto do culto...". Entram assim na categoria de objetos a serem inventariados não apenas livros e objetos de arte, mas também os minerais (quatro classes), as plantas, os animais, os instrumentos científicos (sete classes), os utensílios, os globos terrestres, os edifícios e monumentos etc. Criando museus em toda parte, a civilização das Luzes renovava a crença num "grande livro do mundo", cujo autor desaparecera, e que não era mais a cópia de um modelo, mas simplesmente o original.

O mundo está hoje modelado. A Terra está quadriculada, presa na malha de suas redes, da parcela do cadastro ao escritório de longitudes, dos planos de ocupação dos solos às fotos dos satélites. A arqueologia vira "arquivos do solo", e eu vi várias vezes as camadas que viraram objeto de escavações ou de sondagens representadas como folhas de um livro. A imagem do livro é então usada para simbolizar tanto o tempo que passa e encobre a página precedente, sem, porém, apagá-la, como o território que nos reenvia ao *pagus*, ao país, e aos *pagãos* que o habitam.

A cidade, em seu princípio, é também muitas vezes comparada a uma biblioteca cujas casas seriam os livros. Botânico, urbanista ou bibliotecário, o enciclopedista Richard de Fournival queria, no século XIII, classificar os conhecimentos humanos como os canteiros de um jardim.

A SABEDORIA DO BIBLIOTECÁRIO

O que o tecido urbano dissimula num labirinto complexo aparece nos planos de urbanismo como um conjunto construído e coerente que possui sua ordem, seu sentido e seus tipos. Fizeram-se, aliás, catálogos, e o Inventário Geral dos Monumentos e riquezas artísticas da França – o vasto programa criado por André Malraux – oferece minuciosa descrição da França, casa por casa, casa de campo por casa de campo, igreja por igreja, além de objeto por objeto, em registros que contêm hoje cerca de cinco milhões de páginas e três milhões de imagens: um enquadramento da França monumental sob a forma de uma biblioteca.

Os levantamentos que ordenam o mundo sob a forma de acervos de livros, registros ou dossiês são antigos: deve-se o primeiro a Guilherme, o Conquistador, que, tendo conquistado a Inglaterra em 1066, mandou que se fizesse um levantamento dela por escrito, em célebre manuscrito intitulado *Domesday Book*, do qual a BBC produziu um videodisco com a ajuda de todos os estudantes ingleses, encarregados

❧ 119 ❧

de atualizá-lo! Mais tarde, as enciclopédias multiplicaram-se e sozinhas encheriam uma grandíssima biblioteca.

Agora, porém, dispomos de instrumentos bem mais eficazes para classificar o mundo. A cartografia apoderou-se do globo. A terra tornou-se um gigantesco atlas cujas localizações todas estão registradas em memórias de computador que formam outras tantas "bibliotecas": as correntes marítimas, as florestas de resinosos, as zonas inundáveis, as curvas geodésicas, as espécies em via de extinção, os edifícios públicos, os circuitos elétricos, os movimentos estudantis, a frequência aos monumentos históricos, as estradas, as instalações industriais, os fluxos migratórios etc. Longe de estar, como se diz amiúde, voltado ao efêmero, nosso mundo tem a loucura do arquivo: fixa, classifica e conserva tudo o que pode sê-lo.

Nossas memórias são próteses gigantescas, chamadas servidores, arquivos ou bibliotecas. O sociólogo Jean-Didier Urbain, no prólogo de seu *Arquipélago dos Mortos*, traça longo paralelo entre a biblioteca e o cemitério, que ele considera como arquivos humanos. Sob esse aspecto, o livro é comparável ao túmulo – e Mallarmé não é o único poeta a ter pensado nisso –, muitas vezes ornado com um livro de mármore ou bronze; e no cemitério da cidadezinha de Moncontour, uma pedra tumular inteira tem o formato de um livro fechado.

Os neurologistas empregam por vezes a imagem de uma "biblioteca de neurônios" para designar conjuntos funcionais do cérebro. Denominaram-se "genotecas" as coleções de cadeias genéticas que identificam os indivíduos de cada espécie e, em particular, da espécie humana. Os laboratórios buscam a preço de ouro os espécimes raros suscetíveis de conter sequências particulares, com o objetivo de nelas encontrar as fórmulas que combaterão as doenças e más-formações, as variantes, graças às quais serão possíveis mutações. Esse trabalho desmesurado do biólogo à procura do exemplar único não deixa de lembrar a busca desesperada do bibliotecário de Babel.

Ora, o patrimônio genético apresenta este paradoxo: enquanto nosso código genético é nosso identificador mais essencial, representando, de certa forma, nosso patrimônio pessoal em estado puro – o código genético considerado isoladamente não tem valor próprio, pois seu papel é manter a "biodiversidade" que garante a sobrevivência e a renovação da espécie. O mesmo se dá com a biblioteca, da qual cada livro isoladamente não tem talvez nenhum interesse, mas cujo conjunto constitui um tesouro. Sem dúvida, o patrimônio é o que nos pertence de próprio e nos caracteriza, mas essa verdade é indissociável de outra que deseja que sua virtude atue apenas de forma partilhada. O livro único é incompatível com a biblioteca, assim como o código genético de um ser humano só tem sentido enquanto variante de uma espécie.

Com seu Livro absoluto, queria Mallarmé "abolir o acaso". De certo modo, o livro nos protege do aleatório. O lance de dados simula a realidade que o livro dissimula. Existia na Coreia do século XVII um tipo de pintura chamada *chaek'kori* que representava um conjunto de livros dispostos sob diversas perspectivas, formando conjuntos geométricos harmoniosos. Mas sua perspectiva é invertida: são os livros que contemplam o expectador, ou, antes, o envolvem e o observam. Considerada em seu conjunto, a biblioteca constitui também para nós uma espécie de muralha contra o desconhecido, um objeto profilático, gigantesco amuleto que nos protege. Nesse sentido, e retomando o belo título de um capítulo de *Uma História da Leitura,* de Manguel, o bibliotecário é bem um "organizador do universo".

A biblioteca é um microcosmo: ela modela o mundo. Essa função é, digamo-lo, amplamente mágica, pois nada nos leva a crer que tudo quanto conservamos permanecerá útil. O mundo todo está encerrado nela, sob a forma mais compacta possível. É assim que nosso mundo se tornou uma vasta "planetoteca".

VII

ENCONTROU O QUE PROCURAVA?

◆

*Logo na primeira hora de amanhã, Martin Eden, vá
à biblioteca pública e se instrua a respeito da arte de
bem viver, compreendeu?*[1]

A ordem que se dá a si mesmo, olhando-se
ao espelho, "em voz alta e solenemente", o
herói de Jack London transforma-o *aos olhos* do
bibliotecário em leitor ideal. "Quero, eu também, respirar o ar de lá, viver no meio dos livros..." – diz ele, antes de descobrir a vocação de
escritor. O autodidata que encontra na biblioteca não apenas livros, mas um ambiente, um
motivo de esperança, a família que lhe faltou, é
a justificativa mais brilhante da biblioteca – lugar de redenção, de reencontros consigo mesmo. Ele encontra "no recinto da biblioteca lei-

---

1. Jack London, *Martin Eden*, 1909 (reed. fr., Paris, Phébus,
2001).

❧ *125* ❦

turas onde se mantém o desarmamento pacífico de uma civilidade"[2] – escreve Robert Damien, que explica: "Daí em diante, o leitor na biblioteca é dono do acesso direto aos textos". O leitor experimenta aí um sentimento de poder e de liberdade, que também enlouquece, muitas vezes intimida, aquele que não pôde nem quis até então submeter-se. Livro e liberdade são indissociáveis, desde que se "leia com o coração", como se dizia na Idade Média, isto é de modo reflexivo, crítico, distinto da "ruminação", que se impõe aos catecúmenos e, ainda frequentemente, aos alunos. A biblioteca só é tão preciosa porque "preserva os pensamentos do indivíduo da sanção do grupo"[3]. Nada me reconfortou tanto quanto ver na biblioteca jovens muçulmanas inclinadas sob seus véus em leituras que nenhum homem lhes pode impor.

2. Robert Damien, *Le Conseiller du Prince de Machiavel à nos Jours*, Paris, PUF, 2003, p. 48.

3. Paul Saenger, "Lire aux Deniers Siècles du Moyen Âge", em Guglielmo Cavallo e Roger Chartier, *Histoire de la Lecture dans le Monde Ocidental*, Paris, Le Seuil, 1997, p. 171.

A biblioteca não é lugar de uma verdade única, nem mesmo da verdade dos outros: o leitor deve nela constituir a sua verdade. Há leitores felizes, como a personagem de um romance do pintor Félix Valloton, que conta:

À noite, a Biblioteca Sainte-Geneviève era meu refúgio preferido: gostava de seu silêncio, de sua luz e do bom calor do ambiente de que minhas tíbias guardaram o aconchego – do fogo, para mim luxo absoluto de que só vim a gostar demasiado tarde. Lá encontrei também boas cadeiras de couro verde-musgo, e leituras infinitas[4].

Se o calor não é mais um luxo para muitos, a solidão, o abrigo e a liberdade de consciência jamais deixaram de sê-lo.

Sempre me irritei com os espíritos rabugentos, que têm ciúmes dos leitores que vêm à biblioteca para aquecer-se. Quem não vê que o fogo de que fala Valloton não é apenas o de

4. Félix Valloton, *La Vie Meurtrière*, 1927 (reed. Paris, Circé, 1996, p. 45).

uma lareira? A ranzinzas que se indignavam de ver mendigos frequentar a biblioteca do Centro Pompidou, a senhora Pompidou respondeu simplesmente: "E daí?" Jamais a agradecerei o bastante por esse: "E daí?"

Martin Eden se passa na Califórnia, no país dos *self-made men* e da confiança em si, país que inventou Hollywood e a internet, para alguns o pior, para outros o melhor; e Martin Eden, leitor ideal, encontrou sua biblioteca:

– Encontrou o que procurava? – perguntou o bibliotecário à sua saída.

– Sim, senhor – respondeu. – Você tem aqui uma notável biblioteca.

O homem aquieceu.

– Ficaremos sempre felizes em recebê-lo. Você é marujo?

– Sim, senhor. E voltarei.

Graças à biblioteca, o leitor usufrui de um trunfo sem preço: o anonimato, mas não um anonimato solitário, desolado e perdido – um anonimato público, por assim dizer, assistido. Nesse lugar coletivo, o leitor não conhece mais nem deus nem mestre, além daquele que queira escolher.

Paradoxalmente, o anonimato faz com que o bibliotecário conheça mal seu público. Para conhecer seu "leitorado", dispõe o bibliotecário de dois métodos: o das estatísticas que lhe revelam que ele vê mais mulheres do que homens, e mais bacharéis do que iletrados, coisa que ele já sabe; e o da troca pessoal, que o leva ao atendimento particular e às vezes até ao favor. Nenhum deles é plenamente satisfatório. A biblioteca oferece um serviço para todos onde cada um deve poder tirar proveito sozinho. O bibliotecário não assume o papel de ninguém, nem de pai, nem de professor, nem de patrão. Para o leitor, ele não deve passar de uma presença, um olhar, uma orelha atenta. Deve saber dizer-lhe sem dureza nem compaixão que não fará o trabalho por ele. Ao leitor impaciente, o bibliotecário responde: "Não, não sei responder à sua pergunta. Mas você encontrará aqui várias respostas, entre as quais talvez ache a que procura". O leitor é um Sísifo que o bibliotecário deve tornar feliz. Daí por que a imagem dos anjos que, no filme *As Asas do Desejo* de Win Wanders, pousam as mãos invisíveis no ombro cansado dos leitores da Biblioteca de Berlim é tão comovente e, sozinha, todo um diálogo.

A bem dizer, o leitor feliz não é o que interessa mais ao bibliotecário. O que o atormenta são os alheados ou os que saem insatisfeitos. Como o doutor Knock, o bibliotecário só se sentirá bem quando toda a população que ele serve vier fazer consulta. São muitos os que desconfiam da biblioteca, mesmo aqueles a quem ela seria utilíssima. Ela os decepciona e até os rejeita às vezes. Nas bibliotecas públicas de leitura, mais do que de conhecimento, é preciso dar prova de hospitalidade, de uma dedicação que pode raiar à militância, e à busca do não leitor em sua casa, como o fazem os bibliotecários voluntários da ATD-Quarto Mundo, que instalam nos bairros mais pobres "bibliotecas de rua", ou vão de porta em porta oferecer livros como presentes. O menos que se pode dizer é que o bibliotecário não é o mais indicado para atrair leitores débeis. Muitos não desanimam por isso. O bibliotecário público encontra em toda parte seu lugar: nas prisões, casas de repouso, repartições de proteção maternal e infantil. Nos últimos anos, tem sido visto no metrô, nas grandes praças, na praia, competindo corajosamente com vendedores de bexigas. Esses pesados esforços resultam apenas em pequenas vitórias, mas milhares de Martin Eden são um triunfo invisível.

Nas bibliotecas especializadas que atendem os pesquisadores, a tarefa não é mais fácil. Seria necessário um saber enciclopédico não só para orientar os especialistas, mas também o iniciante em que se torna todo especialista quando sai de sua área. O que mais inexperiente do que um literato diante de uma questão de informática ou jurídica; ou um cientista às voltas com história ou retórica? Fora de nossas competências, somos todos iletrados. Trate-se de pesquisadores avançadíssimos ou de leitores de domingo, as buscas são muitas vezes não formuladas, indecifráveis, imprevisíveis, mesmo por parte de quem as levanta, pois dependem do que a própria biblioteca oferece. A um sociólogo que inquiria sobre a satisfação dos leitores, e perguntava-lhes se achavam o que procuravam, respondeu um deles: "Quanto a mim, procuro o que acho". Diante do sociólogo intrigado, que acreditava num lapso, o leitor confirmou a sua alegria ao encontrar nas estantes aquilo que ele não poderia procurar, pois ignorava-lhe a existência, mas que respondia a questões que ele jamais pensara levantar.

Cada bibliotecário, para responder a buscas tão diversas, às vezes tão confusas ou tão desesperadas, precisaria de qualidades incontáveis, que se harmonizassem num vasto conhecimento. O mesmo que dizer: se o leitor ideal existe, o bibliotecário ideal não pode existir, pelo menos não num único ser humano. Ser bibliotecário, portanto, não é um ofício, como não o é ser sábio. É antes um estado, um complexo. Toda pessoa curiosa e organizada já é um bibliotecário.

Tenho participado de muitas pesquisas destinadas a definir o ofício do bibliotecário, para que se oriente sua formação. A cada vez descobrimos que uma biblioteca, como um navio, carecia de todo tipo de competências e de inúmeros blocos de tarefas. As pesquisas sobre a função do bibliotecário concluem regularmente que existem *bibliotecários*. O mais sério *Recenseamento das Funções de Bibliotecas,* realizado em 1995 pelo Ministério da Educação francês, enumera trinta e uma, que vão de "comprador de documentos" a "especialista em engenharia pedagógica". Só uma equipe muito equilibrada pode reunir todos esses talentos e levar avante uma biblioteca pública, mesmo modesta. O bibliotecário, diga-se, não existe, é um complexo em cujo interior se acham introvertidos e extrovertidos, atentos e distraídos, rotineiros e aventureiros. É uma vantagem dessa profissão não se reduzir a uma só função, o que lhe permite transformar-se.

Até há pouco, caricaturava-se o bibliotecário sob traços de uma pessoa introvertida, algo descuidada e pouco agradável. O esforço de agradar ao público modificou esse clichê. O bibliotecário contemplativo venceu e adentrou o século. Muitos acham ainda essa profissão duvidosa; no meu certificado do exército, estou registrado como "bichotecário", tanto a própria palavra é pouco familiar a alguns. Um padeiro, um pedreiro, um arquiteto ou um médico são conhecidos, mas para que servem os bibliotecários? Precisa-se sempre organizar os livros? Além disso, os bibliotecários amadores nos confundem, pois, em sua casa, cada um tem suas pretensões quanto a seus livros, sabe cuidar deles e deles é cioso, como o é de seu jardim ou de sua cozinha. Suspeito que François Mitterand, grande bibliófilo e homem instruído, subestimou o grau de complexidade que os técnicos em documentação e bibliotecônomos esperavam e não cogitou de sua grande biblioteca senão como um belo móvel com livros preciosos. O que há de mais gratificante para um letrado do que arrumar cuidadosamente seus livros encadernados numa estante bem envernizada? Sem torcer o nariz para esse prazer doméstico que de todo compartilho, o bibliotecário profissional tem muitas outras preocupações.

Os bibliotecários são algo ciumentos dos bibliófilos, pelos quais doutro lado têm verdadeira simpatia, o mais das vezes eles próprios o sendo,

134

dentro de suas possibilidades. Evidentemente, os bibliotecários amam os belos livros e as edições raras, mas enfim, eles não têm senão isso a fazer, mesmo que preferissem só fazer isso. Desconfiam também dos "voluntários", porque nessas atividades cujo conhecimento técnico não é tão evidente como o de um médico ou engenheiro de pontes e açudes, receiam, com razão, que a administração só vê vantagens em não remunerar um trabalho cujo executante acredita realizá-lo por prazer. Entretanto, sustentei sempre que os voluntários têm seu lugar numa biblioteca, pelo tanto que certas tarefas carecem de grande investimento de mão de obra humana: penso que não se desvirtua a função pública apelando-se aos voluntários, desde que o serviço se personalize, até onde se pode razoavelmente exigir de um funcionário. É o caso da leitura aos cegos ou aos pacientes hospitalares, que demanda uma cumplicidade e uma fidelidade não necessariamente permitida no serviço público. Recordo-me sempre da voluntária que veio um dia a mim, dizendo: "Tivemos o nosso agregado". Ela falava evidentemente do jovem cego que ajudara durante anos a preparar a agregação em musicologia. Nem vejo inconveniente em pedir a pessoas idosas que venham contar histórias às crianças, como é feito sob o nome de "hora das avós" (os avôs estão excluídos desse tipo de felicidade!), sem considerá-las como intermitentes do espetáculo. O apoio escolar e o ensino aos iletrados são também áreas onde as ajudas voluntárias podem, com proveito, fazer as vezes do bibliotecário para manter com um público intimidado relações pessoais mais cordiais do que administrativas.

Mas essa atividade tem seus limites. Em nome das relações humanas, a prática da leitura pública nos hospitais há muito herdou a ideia de que as enfermeiras mesmas só podiam ser voluntárias e usar coifa. Levar livros não é apenas um ato de generosidade – do qual, aliás, os profissionais também são capazes. Compete-lhes organizar essas mudanças na esfera pública, mesmo se não podem ser apreciados em termos de mercado e do direito do trabalho.

A SABEDORIA DO BIBLIOTECÁRIO

Se é difícil definir o que deve ser um bibliotecário, pode-se dizer em contrapartida o que não é. Não é um padre nem um médico, nem seja o que for de legislador. Não tem doutrina nem ciência particular para vender, distinguindo-se claramente quanto a isso do docente. Muito menos é um comerciante. Deseja que seu trabalho seja gratuito, como a escola, da qual é uma alternativa e complemento. Os anglo-saxões são a esse respeito muito mais exigentes do que nós: a exceção cultural desta vez deve ser procurada do outro lado da Mancha e do Atlântico. A França é dos raros países onde o acesso à Biblioteca Nacional é pago e onde o princípio do *fair use* – que dispensa de direitos autorais as aplicações pedagógicas e de pesquisa – faz pular os guardiães do mercado. A tarifação das bibliotecas deveria limitar-se à venda de produtos, e o serviço deveria estender-se a todos, o quanto o usuário desejar; e se há direitos a serem pagos, quem deve assumir o encargo é a comunidade, e não os usuários, pois se trata exatamente de um serviço que eu chamaria, em nossa democracia, de "constitucional".

O acesso livre às bibliotecas e outros centros de recursos é por certo um dos remédios para o que se convencionou chamar a "crise do ensino". Calarei o nome do bom pedagogo que sonhava intitular seu livro *Menos Escola!* Intenção provocadora, mas menos escandalosa se se aceita a ideia de que, com toda evidência, o ensino de tom impositivo não é mais o vetor esperado pelos jovens a partir de certa idade, quando não encontram nenhuma dificuldade para ler revistas, ouvir discos, ir ao cinema, ver televisão, consultar a internet, viajar e – os números o mostram – frequentar as bibliotecas.

Nos anos 1980, a renovação dos centros de documentação e de informação (CDI) nos liceus e colégios tem sido um avanço tão mais notável por vir acompanhado de um diploma (CAPES de documentação), que distingue bem as competências dos documentalistas das dos professores. Foi a época feliz em que se proclamava que o centro de documentação devia ser *no centro* do estabelecimento. Pois bem, vinte anos depois, a situação não progrediu. Esse centro deve ter um único documentarista, incapaz de responder a uma demanda que deveria ser massiva.

Pior ainda, instaura-se um debate para saber se tais documentaristas-docentes não deveriam ser de preferência docentes-documentaristas, requinte de minúcia que mostra quanto sofremos ao pensar em ensino fora da classe e fora do programa, como se ainda se ensinasse ao pobre do Michelet, que tinha apenas um livro, e que lhe fora sem dúvida posto nas mãos. O papel do documentarista escolar não é o papel do professor, ainda que – como cada um em seu próprio ofício – possa transformar-se em docente ocasional.

A biblioteca não é a escola. A grande virtude da biblioteca é deixar o leitor à sua livre escolha e arbítrio. Saído da classe, o leitor vem à biblioteca não mais como estudante, mas como cidadão. Somente respeitando-se tais distinções se conseguirá que essas instituições respondam às expectativas de aprendizagem. Esta dura toda a vida e as competências – adquiridas na juventude, para além dos ensinamentos ditos "fundamentais" da escola primária – não têm mais a perenidade que tinham outrora. Os conteúdos tornaram-se tão exuberantes quanto os livros. A escola, por mais sofisticada que seja, não ensinará mais tudo sobre tudo, da mesma forma que a biblioteca universal não conterá todos os livros. Mas pode-se controlar os instrumentos de conhecimento e de informação, postos à nossa disposição fora da escola: é pela prática e pela troca que se chega a isso, e não por um ensino teórico ministrado do alto de uma cátedra. É a velha história dessa pobre gente a quem se ensina a pescar ao invés de dar-lhe o peixe. Retomarei por minha conta o grito do bom pedagogo: "Menos escola!", desde que associado a esta outra reivindicação: "Mais bibliotecas!"

O bibliotecário sofre também da penumbra em que está confinado. Sofre não tanto em sua pessoa como nos meios que lhe são facultados e no lugar marginal que lhe é reservado. A biblioteca não é nem um acessório da escola, nem um divertimento republicano. É uma necessidade cívica e científica. Ele sofre pelo constran-

A SABEDORIA DO BIBLIOTECÁRIO

gimento de seu próprio papel modesto de ser aquele que transporta. Nada a temer do bibliotecário: ele não defende tese, não é dono de nenhum conhecimento. É tranquilizador como um anjo da guarda: vigia nosso patrimônio, cuida de nossas bagagens intelectuais.

Verifique você mesmo: os homens célebres que foram bibliotecários não ficaram célebres por terem sido bibliotecários; e, reciprocamente, os grandes bibliotecários jamais ficaram célebres. Quem se preocupa com o fato de George Bataille ter sido bibliotecário em Orléans, e Anatole France em Sénet? Leibniz, bibliotecário do Duque de Hanover, grande pesquisador de classificações; Lessing, bibliotecário do Duque de Braunschweig; Goethe, bibliotecário em Weimar; e Jorge Luis Borges: todos conhecidos como escritores e filósofos mais do que como bibliotecários. Em contrapartida, esquece-se muito frequentemente de citar Calímaco, autor dos primeiros catálogos de Alexandria; Gabriel Naudé, bibliotecário de Richelieu e de Mazarino, ao qual trabalhos recentes fazem enfim justiça; Antonio

141

MICHEL MELOT

Panizzi, que reformou e reconstruiu a British Library, fazendo dela modelo de biblioteca nacional; Eugène Morel, personagem brilhante que lutou em vão pela democratização e modernização das bibliotecas francesas, em livros provocantes e precursores; o norte-americano Melvil Dewey, que inventou em 1876 a classificação ainda hoje usada na maioria das bibliotecas, fundou a American Library Association, o *Library Journal*, a primeira escola de bibliotecários e abriu, na New York State Library, em 1888, um serviço de atendimento para cegos, outro para crianças, outro para mulheres; o indiano Shiyali Ramanrita Ranganathan, matemático, organizador da rede de bibliotecas indianas e redator de seus regulamentos, inventor da noção de indexação por "facetas" e promotor, desde 1950, da informática documental; o belga Paul Otlet, criador do Escritório Internacional de Bibliografia e do Repertório de Bibliografia Universal, carregado de dezoito milhões de notícias em 1934, que idealizou o "Mundaneum", centro mundial de conhecimentos, que subsiste hoje em Mons, autor, em 1914, de um *Tratado de Paz Geral*

❧ *142* ❧

e de um *Tratado de Documentação: O Livro sobre o Livro*, no qual afirma que "aperfeiçoar o livro é aperfeiçoar a humanidade". Para eles, dever-se-ia criar um Prêmio Nobel de bibliotecas.

De todos, Borges é o mais fascinante. Nomeado diretor da Biblioteca Nacional da Argentina, quando já ficara cego, é a própria encarnação da biblioteca. Alberto Manguel, um dos que faziam leitura para ele, conta:

Às vezes ele se encontra num lugar em que as estantes não lhe são familiares, numa livraria desconhecida, por exemplo, e aí ocorre algo inexplicável. Borges passa a mão pelos livros, como se descobrisse pelo tato a superfície irregular de um mapa em relevo e, mesmo que não conheça o território, sua pele parece ler para ele a geografia. O contato de seus dedos com os livros que ele jamais abriu, algo como uma intuição de artista lhe diz qual é o livro que ele toca, e ele é capaz de decifrar títulos e nomes que com certeza já não pode ler[5].

5. Alberto Manguel, *Chez Borges*, Arles, Actes Sud, 2003, p. 35.

O próprio Borges, em suas *Conferências*, fala dessa experiência:

Continuo a aparentar que não sou cego, continuo comprando livros, enchendo minha casa deles. Ofereceram-me outro dia uma edição de 1966 da *Enciclopédia de Brockhaus*. Senti a presença dessa obra em minha casa, sentia-a como uma espécie de felicidade. Eu tinha ali perto de mim aqueles vinte volumes em caracteres góticos, que não posso mais ler, com os mapas e gravuras que não posso mais ver; no entanto, a obra estava ali. Eu sentia sua atração amiga. Penso que o livro é uma das felicidades possíveis do homem[6].

Vi Borges apenas uma vez quando, idoso, fez uma conferência no Centro Pompidou. Lembro-me da resposta que deu a um de seus admiradores que lhe pediu que citasse qual de suas obras ele mais se orgulhava: "Não me orgulho do que escrevi – disse, antes de acrescentar –, mas me orgulho do que li".

6. Jorge Luis Borges, "Le Livre", in *Conferénces*, Paris, Gallimard, p. 156.

A cegueira de Borges, como a de Homero, é talvez um mito, a do olhar interior e da sombra em que trabalha o bibliotecário. Conheci grande número de bibliotecários admiráveis: Jean-Pierre Seguin, que criou a Biblioteca Política de Informação no Centro Pompidou; Jean-Pierre Clavel, de Lausanne, que estabeleceu o programa da nova Biblioteca de Alexandria; Maurice Line da Boston Spa, que embaralhou as regras classificando os livros segundo a probabilidade de serem solicitados; Philippe Sauvagean, que concebeu a Biblioteca Gabrielle Roy em Québec, calcada no modelo de um grande hotel californiano; e cem outros que mereceriam ser melhor conhecidos.

Não se farão mais concentrações, em seus túmulos, mas milhares de leitores frequentarão suas bibliotecas. Não tivessem sido assim tão discretos, talvez não teriam sido tão bons bibliotecários. É por isso que se chama o bibliotecário de sábio.

❦ 145 ❦

SOBRE O AUTOR

Michel Melot nasceu em 1943, na cidade de Blois, na França. Dirigiu o Departamento de Estampas da Biblioteca Nacional da França e a Biblioteca Pública de Informação do Centro Georges Pompidou. Entre 1997 e 2003, presidiu o Conselho Superior das Bibliotecas Francesas. Atualmente, dedica-se à história da escrita.

Título	A Sabedoria do Bibliotecário
Autor	Michel Melot
Editor	Plinio Martins Filho
Revisão técnica	Marisa Midori Deaecto
Revisão	Simone Oliveira
Tradução	Geraldo Gerson de Souza
Produção editorial	Aline Sato
Capa	Gustavo Piqueira e
	Samia Jacintho / Casa Rex
Editoração eletrônica	Camyle Cosentino
Formato	10 × 15 cm
Tipologia	Aldine 401 BT
Papel do miolo	Pólen Bold 90 g/m²
Número de páginas	152
Impressão do miolo	Rettec
Impressão da capa	Oficinas Gráficas da Casa Rex